如何建设良好的
小学班级文化

王志彦　杨荔　主编

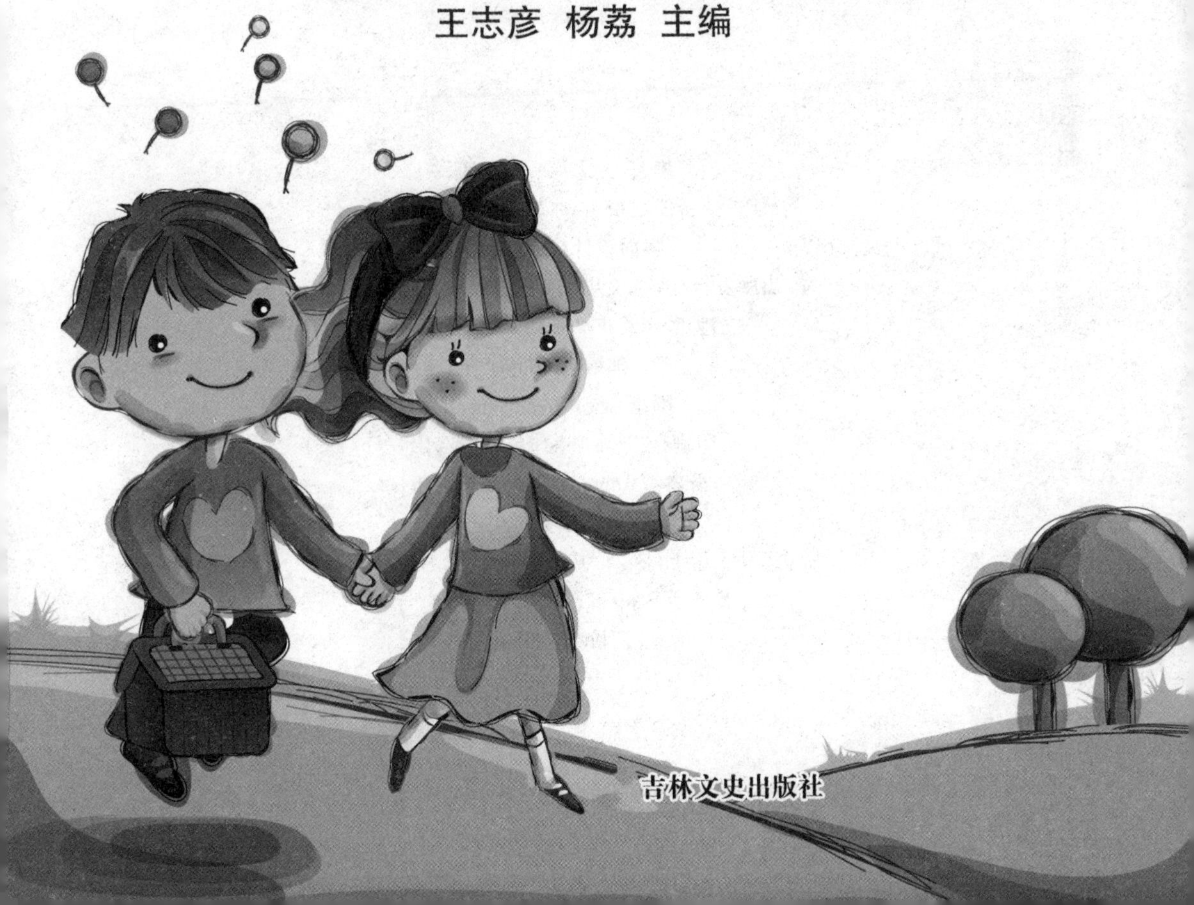

吉林文史出版社

图书在版编目（CIP）数据

如何建设良好的小学班级文化 / 王志彦，杨荔主编 .——长春：
吉林文史出版社，2012. 12（2021. 6重印）
（班主任必备丛书）
ISBN 978 - 7 - 5472 - 1341 - 4
Ⅰ. ①如… Ⅱ. ①王… ②杨… Ⅲ. ①小学 - 班级 - 学校管理 Ⅳ. ①G622. 421
中国版本图书馆 CIP 数据核字（2012）第 298044 号

班主任必备丛书

如何建设良好的小学班级文化

RUHE JIANSHE LIANGHAO DE XIAOXUE BANJI WENHUA

编著/王志彦　杨　荔
责任编辑/高冰若
封面设计/小徐书装
出版发行/吉林文史出版社
地址/长春市福祉大路5788号
邮编/130118
网址/www. jlws. com. cn
印刷/三河市燕春印务有限公司
开本/710mm × 1000mm　1/16
印张/14　**字数**/150 千字
版次/2013 年 1 月第 1 版　2021 年 6 月第 3 次印刷
书号/ISBN 978 - 7 - 5472 - 1341 - 4
定价/39. 80 元

《教师继续教育用书》丛书编委会成员

主　任：

张　旺　徐　潜

副主任：

张胜利　张　克　周海英

编　委：（按姓氏笔画排序）

于　欢　于　涉　孙中华　刘春雷

李井慧　沈　健　孙道荣　陈学峰

陆栎充　赵慧君　高冰若　康迈伦

目 录

引 言 /1

小学班主任培养良好班级文化必备的先行概念 /1

一、怎样理解文化 /1

二、文化性——人的存在的基本特征之一 /3

三、人的实践活动——文化形成与完善的根本方式 /4

第一章 班级文化——小学生健康发展的土壤 /6

第一节 班级文化内涵 /6

一、什么是班级文化 /7

二、班级文化的核心 /8

三、班级文化的载体 /9

第二节 谁来建设班级文化 /11

一、班主任 /11

二、任课教师及其他教育者 / 23

三、小学生 / 24

四、家长 / 26

第三节 小学班级文化建设的内容与特点 / 27

一、小学班级文化建设的内容 / 27

二、小学班级文化建设的特点 / 32

第二章 小学班主任建设班级文化遵循的准则 / 34

第一节 小学班级文化建设的一般性原则 / 34

一、调动利益相关者积极参与 / 34

二、小学班级文化建设的一般性原则 / 35

第二节 班级文化建设中要协调好不同文化类型的关系 / 37

一、学校文化与班级文化的关系 / 37

二、教师文化与学生文化的关系 / 39

第三节 明确班级文化建设的方向 / 40

一、物质文化建设：体现童趣，重在参与 / 40

二、制度文化建设：兼顾形式与内核 / 40

三、行为文化建设：重视引导儿童进行自主活动 / 41

四、精神文化建设：重在正面引导，关注正确价值观的形成 / 41

第四节 影响小学班级文化建设的因素 / 41

一、影响班级文化发展的自身因素 / 41

二、影响班级文化发展的外部因素 / 44

三、影响班级文化发展的主导因素 / 46

第三章　小学班级文化建设的措施　/ 48

第一节　班级文化建设中存在的问题　/ 48

一、缺乏平等意识，采取家长式看管　/ 48

二、忽视学生成长环境的营造　/ 49

三、忽视学生合作意识的培养　/ 49

四、对学生自我管理的重视不够　/ 49

五、班级文化活动的开展过于形式　/ 50

六、忽视对学生创造力的培养　/ 51

七、忽视网络文化对学生的负面影响　/ 51

八、对学生个案的咨询与辅导工作重视不够　/ 52

九、班级文化建设以“分”为本，对学生缺乏正确的评价　/ 52

十、班级文化建设中封闭状态明显，而开放性不足　/ 53

十一、班级文化建设模式与管理理念亟须转变　/ 54

十二、忽视同辈群体文化对学生的影响　/ 54

第二节　班级文化建设的策略　/ 55

一、小学班级文化建设的一般性策略　/ 55

二、小学班级文化分段建设的具体策略　/ 81

第三节　构建家校合作体系，寻求班级文化建设的社会支持　/ 98

一、家校合作的重要性　/ 98

二、家校合作中的权利与义务　/ 100

三、当代国外家校合作的研究　/ 101

四、我国家校合作的现状及存在的问题　/ 102

五、家长工作管理 / 109

六、建立有效的家校合作模式 / 113

第四节 班级文化管理的评价 / 139

一、班级文化管理评价的含义 / 140

二、班级文化管理评价的功能 / 141

三、班级文化管理评价的类型 / 143

四、班级文化管理评价的内容 / 144

五、班级文化管理评价的指标体系 / 152

六、班级文化管理评价实施的原则 / 162

七、班级文化管理评价实施的方法 / 164

八、班级文化管理评价实施的程序 / 166

第五节 班级文化建设中突发事件的处理 / 175

一、班级常见突发事件 / 179

二、突发事件形成的原因 / 183

三、班级突发事件的处理和善后 / 195

四、处理突发事件的方法和艺术 / 202

五、突发事件的善后教育 / 207

六、案例分析 / 213

引　言

小学班主任培养良好班级文化必备的先行概念

在小学的教育活动中，文化问题日益受到关注，校园文化、班级文化、教师文化等内容渐次进入教育工作者的视野。对于班主任工作来说，班级文化建设成为教书育人的重要手段。小学班主任对于如何建设良好班级文化进行着积极的探索与学习。作为小学班主任，要探索行之有效的培养良好班级文化的方式，就必须要对文化这一概念进行理解。

一、怎样理解文化

对于什么是文化，人们的认识存在着很大的分歧。有人从广义角度理解文化，认为文化是指人类创造的一切“财富”之总和；有人从广义角度理解文化，认为文化是指人类创造的精神财富之总和；有人从狭义角度理解文化，认为文化则指生活于一定的文化共同体中的人们长期积淀而成的一套文化心理系统，包括价值观、思维模式、审美趣味、道德情操、宗教情绪、民族性格等，而价值观念的系统是其核心。[1]上述关于文

[1]　吴康宁著：《教育社会学》，人民教育出版社，1998年，第92-93页。

化的界定着眼于社会系统进行的，较为宏观，并不完全有助于对班级文化的深入理解。

从现有研究看，雷德菲尔德（Robert Refield）从人类学的角度对文化的解释很富有启发性。他指出："谈到'文化'，我们往往指的是人们通过行动和物品所表现出的社会特征的普遍性理解。人们的理解和认识都是负载于行动与物品之上的意义和内涵。而意义是被普遍认同的，并且也会在人们的交往互动中成为社会成员具有的文化特性。所以文化可以被概括为：一个社会里不同成员所趋向的相同的行为或物品的表现所蕴含的意义。意义又是通过行动和行动所引起的结果来表现的，正如我们从行动中获得这些意义一样，因此我们也可以将'文化'定义为是根据社会成员的常规行为所认同的内容而形成的。"[1]

从人类学角度界定文化非常适用于具有同质性的社会。依据这个定义，文化代表了一个群体所共有的认识，我们可以把这种共识确认为此群体的文化。"当一些人的生活有较多的共性而同时与其他社会成员相对疏离，或是有着共同的生活领域，要面对类似的问题，甚至有着相同的敌人时，文化就逐渐产生了。……可能是两个未成年的孩子间的文化——他们的父母都同样强大而专断，他们创造了属于自己的语言和行为习惯，一直延续到长大成人；也可能是一帮学生的文化，他们都野心勃勃想要成为医生"。

站在人类学视角理解文化时，我们会看到其对认识班级文化具有重要指导性。班级是由一群年龄相近、学习水平相近的学生及班主任组

[1] Robert Refield, The Folk Culture of Yucatan, Chicago: University of Chicago Press, 1941, p132.

成，他们会经常共同面对一些问题（学习、未来前景等），并出现一定反应，这促使他们彼此间产生了较多的交流和互动，从而形成他们自己的文化，这种文化包括对自身的理解（自我认识）、对所采取行为的定义，以及对其他成员的看法。这种文化处于社会大环境之下，相对于主流文化来说，他们通常会被称为亚文化。

二、文化性——人的存在的基本特征之一

教育活动的对象是活生生的人，当教育者在谈论如何实现人的发展时，是不能离开文化的。离开具体的文化环境谈论人的发展，只是抽象的空谈，是不能理解人的生长的，同时也无法提出具有针对性的培养方案的。

德国学者斯宾格勒指出：一件最有决定性意义的事实，一件以前从未被承认的事实是“人不仅在文化诞生以前是没有历史的，而且当一种文明已经自行完成了它的最后的确定的形式，从而预示这种文化的活生生的发展的终结及其有意义的存在的最后潜力枯竭时，立即再度成为没有历史的。”[1]据此可以确定，文化构成了不同群体中人的存在结构内在的本质和基础。“伟大的文化是起源于性灵的最深基础上的原始实体；在一种文化的影响下诸民族的内在形式和整个表现是相似的，是文化的产物而不是它的创造者。”[2]

当把人看作是文化产物，文化是人存在的基本特征时，我们尊重一个人“不是因为他具有人的外表，而是因为他具有人的内心和外在行为

[1] 斯宾格勒：《西方的没落》（上卷），商务印书馆，1963年版，第145页。
[2] 斯宾格勒：《西方的没落》（上卷），商务印书馆，1963年版，第306页。

表现”，因为这些东西是文化的产物。因此，“了解他人，就是理解他的文化。人与人之间的交往是一个跨文化的过程。”[1]

三、人的实践活动——文化形成与完善的根本方式

人是文化的产物，受制于与生俱来的文化，但是这种受制于文化仅仅是相对的，因为人具有主观能动性。这种主观能动性在文化环境中表现为不断的超越与创造，而这种体现为实践的超越与创造使人与动物区别开来，成为高贵的存在。正如法国思想家帕斯卡尔所说：“人只不过是一根苇草，是自然界最脆弱的东西；但他是一根能思想的苇草。用不着整个宇宙都拿起武器来才能毁灭他；一口气、一滴水就足以致他死命了。然而，纵使宇宙毁灭了他，人仍然要比致他于死命的东西高贵得多；因为他知道自己要死亡，以及宇宙对他具有的优势，而宇宙对此却一无所知。”[2]

人通过具有主观能动性的实践活动反作用于文化，从而把文化作为实践的对象。关于文化与实践活动的关系可以概括为：“文化是实践的历史积淀和对象化；文化又构成实践活动的内在机理和方式。”[3]

从文化与实践的关系描述可以看出，文化是人的各项活动的内在机理和方式，具体体现在人的实践活动所具有的表现人的目的性的价值指向、调节人际关系的行为规范、支撑社会经济和政治运行的内在精神驱动力量等方面。事实上，每一个时代由个体活动或社会运动所构成的实践活动的状况与发展水平，常常可以通过内在的文化精神体现出来。

---

[1] 石中英：《教育哲学导论》，北京大学出版社2004年，第2版，第85-86页。

[2] 帕斯卡尔：《思想录》，商务印书馆1987年，第157-158页。

[3] 衣俊卿：《文化哲学十五讲》，北京大学出版社2004年，第30页。

而文化作为人实践活动的对象则表现为：人生活在一个属人的世界，一个处处打上人的文化印迹的生活世界之中。一方面，人为了满足各种需要而创造出的一切产品，无论是采取实物形态的物质文明成果，还是采取符号形式的精神文明成果，都不是自然给定的，而是人为的产物；另一方面，人赖以生存的自然环境也由于人的能动的实践活动而具有了属人的特征。由于人的实践活动在自然界中留下了文化的印迹，结果就是使人生活在一个文化的世界中，一个以人的活动为轴心的生活世界中。

身处既定文化环境中的人总是要通过实践活动来完善其所面对的文化。马克思曾从生产实践的角度分析了人的实践活动对文化的推动与完善，从而使文化发展具有了动态性，而非静态性特征。马克思指出："人的依赖关系（起初完全是自然发生的），是最初的社会形态，在这种形态下，人的生产能力只是在狭窄的范围内和孤立的观点上发展着。以物的依赖性为基础的人的独立性，是第二大形态，在这种形态下，才形成普遍的社会物质变换，全面的关系，多方面的需求以及全面的能力的体系。建立在个人全面发展和他们共同的社会生产能力成为他们的社会财富这一基础上的自由个性，是第三个阶段"。[1]

[1] 《马克思恩格斯全集》第46卷上册，人民出版社1979年，第1版，第104页。

第一章　班级文化

——小学生健康发展的土壤

法国社会学家涂尔干曾讲“教育是年长的几代人对社会生活方面尚未成熟的几代人所施加的影响”；“教育在于使年轻一代系统地社会化。”由于我们强调人是文化的产物，那么年轻一代的社会化也就是文化化。人们的思想、感情、性格、行为等等的特征不是先天赋予的，而是一定社会文化环境中培养出来的。每个人都生活在一定文化环境中，时时刻刻都在接受其所处文化的影响和熏陶，因此他们的思想、感情、性格、行为等，总是带着一定社会文化的模式特征。作为小学教师要充分认识此点，并通过班级文化建设给学生发展营造营养丰富的土壤。

第一节　班级文化内涵

小学教育工作者特别是班主任和校长在重视班级文化建设时，一定要在概念上清晰什么是班级文化。因为概念模糊，就不会清楚怎么进行班级文化建设，就无法与同行进行顺利的沟通合作；即使是着手进行所谓的班级建设，也会没有章法，缺乏针对性和实效性。

一、什么是班级文化

班级文化，是以班主任为主导，在科任教师及其他教育人员的配合下，与学生在共同活动中形成的价值观、思维模式、审美趣味、道德情操等内容，其中价值观念系统是核心。

在此，如果我们把学生的培育和发展看成一种像禾苗茁壮成长一样的农业生产过程，那么学生的健康发展就是土壤、阳光、雨露、空气和耕耘者的辛勤劳动等因素综合作用的结果。尤其是小学生，正处于心灵发展的稚嫩阶段，非常容易受到外在因素的诱导和影响。他们的健康发展与班级文化的熏陶、导向、选择、教育有直接的关系。而且这种作用通常是潜在的、长期的，而不是一下子就能够看出来的。

班级文化不是一种硬性的、粗暴的、说教的生冷模式，而是一种充满柔性的、温和的、情意的、亲切的影响模式。班级文化会在如下方面影响小学生的成长。

首先，班级文化影响小学生的行为规范。小学生从教师的态度（如高兴、生气、发怒、伤心等）、教育方法（如批评、表扬、惩罚等）、班级舆论倾向性、班级环境布置等方面，接受了班级、学校的要求及规章制度。班级文化教会小学生懂得在集体生活及与人相处中什么是能够做的，什么是不能够做的。

其次，班级文化促使小学生形成与自身角色相应的行为模式。小学生是某社会群体中的成员，他在群体中是什么身份、地位，应该有什么

样的行为规范，是根据社会文化大环境和班级文化小环境界定的。马克思指出："抽象的人只是作为法人即社会团体、家庭等，才能把自己的人格提高到真正存在的水平。"[1]马克思所说的法人，就是一定生活在宏观文化环境和微观文化环境中的人。现实是变化的，人的身份、地位也是在变的。但是，不管人的身份、地位怎样变化，都必须得到其所处文化的认可，同时必须由文化指导规范着其行为模式，然后他才能在群体中充当某个角色，维护自己的身份、地位。

第三，班级文化可以造就小学生的心理和人格。人类的正义感、是非感、审美感、羞耻感、罪恶感以及认知、情绪诸如此类的心理、道德与良心、伟大与崇高、鄙俗与渺小等等的所谓人格都是从小培养起来的，班级文化在其中发挥重要作用。人格的高下取决于文化修养的深浅。健康良好的文化环境造就健康伟大的人格，班级文化不仅对人的习性和气质有影响，而且更为重要的是指导人的价值取向和行为取向。

第四，班级文化还会带给小学生以经验、知识、技能。我们可以把班级看作社会的缩影，小学生在班级文化的影响下，既积累了社会经验，又掌握并理解了社会生活所必需的知识，还具备了协商、沟通、合作等各项社会生活技能。

二、班级文化的核心

从对文化的一般理解和班级文化的界定中，可以看到价值观念的系统是核心。所谓价值观念系统，是指客观事物及其属性和主体需要的某种肯定和否定的关系结构。价值观念系统中的主体，是处于活动中的

[1] 马克思：《黑格尔法哲学批判》，《马克思恩格斯全集》第1卷，第292页。

人，是人的需要、欲望、理想、追求等等的综合。在班级文化中，价值观念是由学习价值观、道德价值观、文化价值观、审美价值观等组成的复杂系统。

我们说价值观念系统是班级文化的核心，并不否认班级文化的其他内容，而是在强调现今“意义失落”的情况下，班主任建设班级文化要抓关键，抓核心，避免舍本求末，流于形式。关于价值观念系统是文化的核心这点，众多研究者都持肯定态度。庞朴认为：“文化的物质层，是最活跃的因素，它变动不居，交流方便；而理论、制度层，是最权威的因素，它规定着文化整体的性质；心理层，则最为保守，它是文化成为类型的灵魂。”[1]

三、班级文化的载体

（一）什么是班级文化载体

小学班级文化是通过校园、班级，由教师和学生在长期互动活动中逐步积累和创造的各种物质形态、精神形态和活动方式的总和。所谓班级文化载体，就是班级文化的外在表现形式，包括班级文化建设的方法、手段和途径。

班级文化载体有不同的类型，其基本形式是精神文化载体、物质文化载体和制度文化载体。物质文化和制度文化载体是基础层次，精神文化载体则处于最高层次，是班级文化载体的核心层。这三种形式相互影响、相互作用，构成了班级文化的有机整体，成为学校教书育人教育的

[1] 张立文等主编：《传统文化与现代化》，中国人民大学出版社，1987年版，第63页。

重要媒介。

(二)班级文化载体的基本特征

1. 导向性。文化是引导个体实现其奋斗目标的航标,它能够把个体的思想引导到社会发展所要求的目标和方向上来。文化载体对价值观的形成和共同目标的确立有着强烈的影响力和导向作用。班级文化载体的导向性决定了小学生在不同年级段的价值目标必须符合先进班级文化的方向和目标要求,而且,通过引导,使学生的思想品德和行为规范朝着健康的方向发展,吸引师生把实现理想目标转化为自觉行为。

2. 辐射性。班级文化是一种开放的文化,与其他文化形态相互影响、相互作用。一方面会不断吸收各种形态的外来文化,另一方面又会对学校及社会产生辐射作用。文化载体的辐射性说明学校形成的文化理念和行为方式不是孤立存在的,社会先进文化对班级文化的形成起指导作用,而班级文化的传播和影响也会随着广泛的交流途径向社会扩散和辐射,实现班级文化与社会文化的渗透和融合,为弘扬民族先进文化起积极影响作用。

3. 激励性。班级文化载体的选择会紧密结合教书育人工作的需要,根据教育目标进行教育,在正确的价值导向和良好的班级文化感染下,对每一个小学生产生激励的力量。激励性是载体建设的重要特征,它可以调动小学生的认同感和责任意识,促进良好道德品质的形成和校园文化的可持续发展。

4. 创新性。随着社会历史条件的变化和教育环境的发展,班级文化载体会随之不断发展和创新,这是班级文化载体保持生命力的要求。文化载体的创新性是班级文化本身具有的创新因素的激发和开发，是适应学校特色发展和社会需要的本质要求。

第二节　谁来建设班级文化

一、班主任

在班级文化建设过程中，班主任具有举足轻重的作用，所以，班主任工作意义重大。班主任要清醒认识自己的作用、职责及所需的能力素质，并不断加强自身的专业化发展。

（一）班主任的作用

班主任是指学校中全面负责班级工作的教师，其基本任务是按照德、智、体等全面发展的要求开展班级工作，全面教育、管理指导学生，使他们成为有理想、有道德、有文化、有纪律、体魄健康的公民。简单地说，班主任就是负责学生的思想、学习、健康和生活等工作的教师。与其他教师相比，班主任与学生接触的机会最多，对学生的影响最深、最大。班级学生的思想品德如何、学业成绩优劣、纪律风气的好坏，与班主任的工作状况密切相关。

1. 班主任是学生健康和谐发展的直接责任者

班主任是学生健康和谐发展的直接责任者，这是由班主任工作的性质决定的。班主任负责学生成长的各个方面的工作，德、智、体、美以

及对学生的其他方面的教育工作都要由班主任参加和实施，这是其他教师所不能取代的。这种作用发挥得越充分，学生的健康和谐发展就越完美。反之，班主任偏颇于某些方面，学生的健康和谐发展就会受到影响。因为班主任是受学校委派做管理班级工作的，这样就会形成对学生全面发展的责任感，使他们能从伦理责任与工作责任两方面来对待自己的工作；同时班主任与学生的这种特别关系，使学生从心理上认定班主任是对自己进行全面教育培养的人。这样班主任实施教育工作，一般情况下比起其他教师的作用更大，工作内容更全面。班主任又是与学生长期相处的人，他们对学生成长的脉络清楚，对每个学生的特点清楚，对每个学生的不足之处也清楚。因此，教育的针对性更强，更能有的放矢。同时，班主任与学生在较长时间的相处中，建立起较深的感情，这无疑增强了班主任在各个方面教育学生的有利条件。这一切说明，班主任在学生健康和谐发展中能够承担对学生更全面、更直接的教育作用，能够对学生的成长担负更直接的责任。

2. 班主任是学校工作展开的纽带和具体实施者

班主任是学校工作展开的纽带和具体实施者，这有两方面的意思。一是班主任是学校工作的实施者。学校是以班级为基本单位的，学校工作便形成了以班级为单位的格局。不论是教学工作、学生品德教育工作、学校的其他各方面的管理工作等，都离不开班级；学校的整体运转也是由班级的各种活动推动的，肩负着学校“基本单位”的全权责任的班主任，自然就发挥着学校基本工作实施者的作用。没有这样“基础”的正常运行，学校工作就要受到制约，甚至不能正常运转。二是整个学校工作是个立体的全方位的工程，这个立体的全方位工程的目标指向是学校的全体学生，不可能直接指向具体的学生，同时各个部门又需要沟通和连接，这些连接的纽带就是班主任。学校的教学工作、品德教育工作、文体工作、日常管理工作、课外活动的工作；学校的共青团、少先队及其他社团组织；学校的各个年级之间、各个部门之间……在各自的运行中，都要归结到班级中来，归结于班主任的连接和协调。假如没有班主任这根纽带，“立体工程”不能形成，“全方位”会变成各自行动，学校工作就势必混乱无序。

3. 班主任是沟通学校、社会和家庭的桥梁

学校教育在很大程度上受社会和家庭的制约，学校教育离不开社会和家庭的影响。学生生活在社会中，不可能没有社会的烙印，各种现象都会对青少年学生产生各种各样的影响。同样，学生来自不同的家庭，父母长辈的潜移默化，孩子耳濡目染，受到很大影响。有时社会教育、家庭教育与学校的“不一致”对学校教育的反作用极大。我们不可能只要求积极的健康的社会、家庭因素起作用，要求不健康的东西、消极乃至反动的东西不起作用。教育要力争发扬积极因素，利用积极因素使学生得到积极的影响。这个工作单靠学校的力量，单靠学校教师的工作，是不能奏效的。所以学校必须借助社会力量，利用社会环境中的积极因素，发动社会上的积极教育力量，优化社会环境中健康有益的部分。同时，学校负有促进家庭教育好子女的责任，学校也有提高家长的认识、改变家长不正确做法的责任。学校更有从更高的意义上争取家长与学校形成教育上的“合力”的义务与责任。因此要全面沟通社会、家庭，优

化社会和家庭教育，使其与学校教育形成教育的合力，还得由班主任老师来实施、来落实。所以班主任是沟通社会、家长的具体实施者，发挥着沟通学校与家长之间桥梁的作用。

沟通社会和沟通家长是班主任搞好工作的基础，发挥好这个作用等于扩大了教育力量，增强了教育力度，能收到更好的教育效益。反之，失去了社会的支持，与家长不能协调，则学校教育有时事倍功半，有时或许效果是零。这是每个班主任都可能面对的问题。

（二）班主任的职责

班主任是特殊的教师，对学生的全面发展负责。具体来讲，班主任的职责表现在管理班级；指导班级工作；教育影响学生；协调科任教师关系；沟通家长；联系社会，为社会服务；为学生服务，教好功课等七个方面。

1. 管理班级

管理班级是使班级在班主任组织领导下，成为一个团结向上、井然有序、运作正常的集体。班主任管理班级，有对学生活动的常规管理，如上课、课外作业、考试、自学等；有对学生生活纪律的管理，如考勤、作息安排、清洁卫生等；有对班级组织建设的管理，如选建班委会、指导班干部工作、选拔活动负责人等；有对班级活动的计划管理，如制订班主任工作计划与工作总结、短期活动计划、分项工作计划等；有对班级评价的管理，如对学生的总体评价、单项评价（操行评定、学习评定、身体评定、阶段评定等）；有对学生的奖励、惩罚、表扬、批评等；有对偶发事件的管理，等等。班级管理是一项复杂的工作，做好这项工作是班主任的基本功，是对其工作要求的集中体现。

2. 指导班级工作

班主任要对班级的各种活动加以指导帮助。班级活动包括日常学习活动、团队活动、文娱与体育活动、社会实践活动、生产劳动、班会活动、科技特长兴趣活动、参观访问调查活动、军训与旅游活动等，范围十分广泛丰富。班主任要认真思考，精心计划，周密组织，切实领导好、组织好这些活动，以此加强班级的凝聚力，促进学生成长。

3. 教育影响学生

班主任的工作任务要求其具有教育影响学生的优势和责任，如对学生进行思想政治方面的教育、政治态度的教育、伦理道德及行为规范养成上的态度与方法的教育、身心健康的教育、适应社会的人际交往礼仪等能力的教育等。班主任要把这些任务归结到培养学生立志、修身、成长、进取、适应社会等方面。

4. 协调科任教师关系

班主任要与班级任课教师共同协调以求达到一致的教育目的，还要与校内各部门协调以取得支持和理解。

5. 沟通家长

班主任的工作职责要求其注重学生的家庭教育，密切与家长的联系，使学校和家长取得教育上的共识，得到家长的支持并共同研究教育方法。

6. 联系社会，为社会服务

班主任的工作职责要求其重视沟通社会的工作，加强与社会的联

系，使社会同学校形成积极的正向教育合力，降低不利的社会影响的作用。同时，班主任要走出学校，利用自己的知识为社会服务。

7. 为学生服务，教好功课

班主任要为学生的身体保健、卫生状况、具体困难等生活服务；为学生的文化学习服务，以提高其文化素质和学习水平等。

（三）班主任应该具备的素质

从心理学的角度来说，能力是指直接影响活动效率，使活动任务得以顺利完成的个性心理特征。能力不等于知识，只有那些能够广泛应用和迁移的知识，才能转化为能力。人们要完成某种活动，往往不是依靠一种能力，而是依靠多种能力的结合，这些能力互相联系，保证了活动的顺利进行。不同的职业对能力的要求是不同的。即便是教书育人，普通教师与班主任在能力素质上也是有差别的。班主任不仅要具备普通教师所有的素质，同时还要掌握从事班级管理工作的基本知识和基本技能。

1. 社交能力

（1）深刻敏锐的观察力

班主任要具有深刻敏锐的观察力。班主任做好工作的前提是了解学生，而了解学生最基本的素质就是观察能力。对一个有观察力的教师来说，学生的乐观、兴奋、惊奇、疑惑、恐惧、困窘和其他内心活动的最细微的表现，都逃不出他的眼睛，一个教师如果对学生的表现熟视无睹，他就很难成为学生的良师益友。

（2）广泛灵活的沟通协调能力

班主任的协调包括协调科任课教师、沟通家长和学生。协调科任教师就是要主动与科任教师互通情况，研究问题，确定方向，讨论措施，制订计划；要经常诚恳地向科任教师征求意见，了解情况，发现问题及时解决；要热情地邀请科任教师参加班级活动，使师生增加感情，沟通思想，配合工作。沟通家长就是要和家长建立良好关系，保持密切联系，通过家长及时了解学生在家的表现和各方面的情况，并向家长反映学生在校的各种情况，以便共同做好教育工作。沟通学生就是通过了解学生的年龄特点和思想发展状况，理解他们的喜怒哀乐，从而进行平等真诚的交往。

2. 生动艺术的表达能力

美国著名学者雷·伯德斯尔曾提出这样的公式：交际双方的相互理解=语调（占38%）+表情（占55%）+有声语言（占7%）。

（1）口头语言表达能力

班主任的口头语言表达能力要求除了准确、规范、流畅外，还应当具有说服力、感染力、鼓舞力，能使学生入耳、入脑，能打动学生的心灵。

（2）书面语言表达能力

班主任的书面表达能力通常反映在撰写学生的操行评语上。

（3）体态语言表达能力

要利用眼神、表情、手势等肢体动作增加语言的说服力和感染力。

3. 缜密有方的组织管理能力

在班级管理上，安排各项工作要统筹兼顾、考虑周密，使各项工作

井井有条。要善于把学校教育要求同本班的实际结合起来，制订明确具体、切实可行的管理目标。要善于培养学生自主、自治、自理的能力和精神，发挥班级主人翁的作用。

4. 机智灵敏的应变能力

应变能力是班主任应当具备的一种教育能力，具体是指班主任善于因势利导，随机应变处理各种意料之外的问题的能力。要求班主任在教育方法选择上，必须准确、及时、适度，根据具体情况灵活运用，因材、因时、因人施教。

5. 分析研究能力

分析研究能力包括深入到学生中间对班级的真实现状和班级成员间相互关系的第一手资料进行有效分析的调查研究能力，和将管理经验上升到一定的理论高度的理论研究能力。

6. 终身学习的能力

专业知识更新周期日益加速，需不断更新自己的知识、能力、观念，以适应时代的需求。网络教育资源更加丰富，教师应成为学生网络资源学习的引导者、辅导者、促进者与合作者。

（四）班主任的专业发展

班主任与班级管理质量和效果息息相关，班主任工作既不是一蹴而就的，也不是一劳永逸的，它是一项专业性的工作，要胜任班主任工作，需要不断地学习和发展，需要逐渐地走向专业化，只有这样，才能体验、享受到班主任劳动的快乐和幸福，才能真正体验到人生的意义。班主任的专业发展是一种自我构建，脱离不了班主任的具体环境与经验，脱离不了班主任的工作性反思。班主任的专业发展可以从制订自我发展规划、专业理论学习活动、参与专业合作交流、进行教育实践反思、从事班级课题研究、充分利用教育博客六个方面做起。

1. 制订自我发展规划

自我发展规划，不仅是对班主任自身发展的引领和督促，也是班主任专业化可持续发展的必要手段。好的发展规划，能准确地反映出班主任的人生发展思路、期望和努力方向，也能反映出班主任在教育教学和科研等方面的成长轨迹。如果每一位班主任都能留下这些成长“轨迹”，那将是班主任专业化发展中不可多得的财富。

自我发展规划是班主任专业发展的各个方面和各个阶段进行的设想和规划。其具体包括：对职业目标与预期成就的设想、对各专业素养的具体目标的设计、对成长阶段的设计，以及所采取的措施等。事实证明，在专业发展上有所建树的班主任无不有着自己的成长规划。这些发展规划不但可以促使自己认真分析自我，促进反思，而且可以使自己有专业发展的紧迫感，还能促使自己不断寻找自己在班主任群体中的位置，不断激励自己。更重要的是，规划对班主任的发展起到了具体的指导和监控作用。读什么书，参加什么样的活动，做什么研究，规划中都有设计，从而减少了行动的盲目性和随意性。

2. 参加专业理论学习活动

“班级管理是一项完善人的内心世界、规范人的外在行为、培养创新人才的系统工程，尤其需要科学的、先进的教育思想的指导。”“学习知识的过程永无止境，并可通过各种经历得到进一步的充

实。从这个意义上说，随着工作性质和内容一成不变的情况日益减少，学习过程与工作经历的结合就越来越紧密。如果最初的教育提供了终身继续工作之中和之外学习的动力和基础，那么就可以认为这种教育是成功的。”[1]班主任的学习主要包括向书本学习、向实践学习、向同行学习三个方面：[2]班主任要多读名家大师有关班主任工作的理论书籍，向身边的优秀班主任学习并将班主任工作最终落实到实践中去，在实践中提高。

3. 参与专业合作交流

班主任管理班级的整个过程具有合作性。班级管理的游离是班级改进的敌人。班级发展需要班主任集体努力，如果一个班主任“单打独斗”，游离于集体之外，无论如何都不能达到“优秀班级”的境界。班主任是一个“学习共同体”，这种隐喻强调班主任需要在合作中成长。班主任共同体实质上分为两种：“合作的共同体”和“自由的共同体”。在班主任的“合作共同体”中，班主任深信他们需要铸造共同的班级观；在班主任的“自由共同体”中，班主任期望通过自己的意志构建个性化的班级。

班主任的交流合作，是促进班主任专业化建设的基本条件。比如班主任合作研讨“怎样上好一节主题班会课”，其程序是：①由一位班主任根据班级和学生的实际情况拟出提纲；②本年级或全校班主任参加集体备课；③班主任集体听主题班会课；④由开课班主任说课，其他班主任集体评课。这样，班主任们参与到班会课的各个环节中去，畅所欲

[1] 联合国教科文组织：《教育——财富蕴藏其中》，教育科学出版社，1999年。

[2] 袁进成：《班主任工作——职业、事业、专业的集合体》，《班主任之友》，2006(6)。

言，可以激发了学习的活力。

4. 进行教育实践反思

教师专业成长的简要公式可以表示为："经验·反思·成长"，班主任专业发展也是需要个体在实践反思中提升的。班主任要学会理性反思，对自己和学生的思想行为特点进行分析和总结，掌握其中带有普遍性、规律性的东西，不断提高自己的专业能力。

（1）班级管理叙事。班主任可以将班级管理中发生的某些学生的生活事件叙述出来，使之成为一份有教育意义的"班级管理叙事"。如果班主任针对某个教育事件做一些追踪研究，那么，这种"班级管理叙事"会显得更有价值。[1]通过讲述个人的故事和集体的故事，班主任会进一步明确班级管理信条和管理实践的联系，从而将叙事作为更新班主任专业实践的媒介。

（2）教育札记。写"教育札记"不仅可以培养班主任的反思习惯，而且可以帮助班主任积累经验，并提升为理论。如果学校在班主任自己写札记的基础上，组织班主任进行"教育札记"教育与分享活动，效果就会更好，因为一位班主任的教育心得可以促进其他班主任的进步。

（3）教育档案袋。班主任可以建立属于自己的"教育档案袋"，其中包括班主任个人优秀教育活动计划、小结和札记、课题研究的论文、教育案例等，也包括学生的照片、家长的信件等。班主任要重视"教育档案袋"的作用，要经常有目的地研究档案袋里存放的档案，在总结过去教育的成绩与失败的过程中提高认识、转变观念，让它成为提升自我发展的工具。

[1] 刘良华：《教学叙事重建教师思维》，《中国教育报》，2003（3）。

5. 从事班级课题研究

当前，教育科研越来越受到广大教育工作者尤其是班主任的重视，他们迫切希望通过科研来给自己“充电”，从而提高班级管理的能力。可以说，班级是实验室，班主任是研究者。从事班级课题研究是班主任专业成长的重要途径和方式。因此，班主任都应该从事课题研究，把一件件具体、典型的工作上升到理论的高度，反过来再指导实践。这样摆脱忙忙碌碌的低层次劳动，经验、能力和水平就会得到较快提高。班主任课题研究的步骤，包括确定科研课题、搜集课题的资料、制订课题研究计划、进行课题研究活动等几个环节。

6. 充分利用教育博客

“博客”即“网络日志”，是互联网络上新的一股发展潮流，它以沟通自由、技术门槛低等优势渐渐得到越来越多人的喜欢，博客群体也日趋庞大。班主任博客研究作为一种新兴的研究方式，为班主任的专业发展提供了新的方法，它具有其他传统研究载体所无法比拟的明显特点。班主任从事博客研究引发了班主任专业成长方式的变革。

班主任从事教育博客研究的魅力在于：教育博客是班主任用心灵书写属于自己的网络日志的方式，班主任可以方便地将教育、管理、教学、研究、生活等方面的精神与物质的成果上传发表，形成班主任个人的资源沉淀，成为班主任经历的好帮手。教育博客可以跨越时空形成网上头脑风暴，成为支持班主任隐性知识显性化的重要途径，班主任教育智慧从这里不断生成，教育博客的功能在这里不断地得到开发。

二、任课教师及其他教育者

在小学班级文化建设过程中，虽然班主任的作用突出，但是班级文化建设不是孤军作战，来不得半点英雄主义，它是一项群策群力的集体教育活动。所以，班级文化建设同样离不开任课教师和其他教育工作者的支持配合。教师劳动既是个体性极强的劳动，也是合作性很强的劳动。

任课教师在班级文化建设中具有的重要作用如下：

（1）任课教师分担班级文化建设的任务，可以避免班级文化建设出现单一化倾向。

（2）班级文化建设活动中，任课教师要破除自己与班级不相关的狭隘见解，分担班级文化建设的责任。

（3）任课教师承担一部分班级文化建设的责任，避免班级文化建设因人而兴、因人而废的现象。

（4）任课教师及其他教育者要根据情况对班主任工作提出合理性建议。

学校若要调动任课教师参与班级文化建设，需要从如下方面着手：

（1）通过建立有效的规章制度，明晰任课教师参与班级文化建设的职责。

（2）在对任课教师进行评价过程中，明确班级文化建设的责任。

（3）为任课教师提供班级文化建设方面的培训。

（4）为任课教师参与班级的文化建设、德育管理创造氛围。

（5）任课教师可以成为班级建设的评价者。

三、小学生

小学生是班级文化建设的又一重要因素，且是不可或缺的。小学生在年龄阶段上处于6–7岁到11–12岁之间，是为未来打基础、做准备的阶段。

从发展速度上看，小学生是一个相对稳定的时期。学生的身体缓慢生长，心理上一般也没有十分尖锐的自我冲突；从发展的性质上看，小学生是儿童超越家庭范围的社会化的起始阶段，也是儿童因角色、活动、他人评价的多样化而引起的对自我形象反思开始的时期。

小学生的上述特点，为教育提供了极为有利的条件。对教育者来说，由于小学生所具有的天真、无邪，对成人的依赖、平静的心态，可塑的品格，极强的吸收能力等特点，使小学阶段成为接受教育的黄金时期。因此，无论是为国家还是为了学生个人的未来，人们都应该十分重视这个时期学生的教育。而小学班级文化建设具有的综合性、整体性、活动性特征是实现小学教育目标的重要途径之一。

使学生热爱学习和学会学习是小学阶段教育的核心人物。教育者应该教育学生学会在学校中生活并热爱学校、集体，做学校、集体的小主人，目的是为他们今后的学习和形成积极的、有所作为的人生态度打下坚实的基础。人的一生的生活道路是很难预测的，但从小打下良好的知识基础、养成良好的学习习惯和形成积极的人生态度对学生未来的健康成长和发展将会产生深远的影响。因此，小学教育要使学生在获得知识的同时，养成良好的心理品质和发展多种能力，使学生的身心两方面都得到健康发展。

对小学生来说，尽管其体质较学前儿童有了明显的增强，但与他们在学校所承担的学习任务相比，仍是比较薄弱的。因此，教师应当把关心学生的健康，发展学生的体质作为重要任务。过重的学习负担，不仅会使学生的身体受到伤害，而且会使学生产生厌学、惧学的心理，这对学生的身心发展是十分不利的。因此，教师留给学生的学习任务要适当。与此同时，教师应针对学生不懂也不会保护自己身体的实际，进行必要的保健教育，教育学生养成良好的作息习惯和卫生习惯。此外，教师还应针对学生爱动、喜玩的特点，经常有目的地组织一些校内外课余集体活动，这不仅有利于促进学生的身心健康，培养学生广泛的兴趣，而且有利于学生集体主义精神的培养。总之，关心学生的身体健康，是小学教育应当十分重视的问题。

在学习方面，除教学内容外，教师要注意学生读、写、算和手工操作技能的训练和协调发展，这将对学生今后智力和学习能力的发展产生重要影响。在学习过程中，教师要注意引导学生独立自主克服学习困难的信心。需要指出的是，学生学习的独立性、自主性和战胜困难的自信心的培养和发展是和教师对他们的引导、信任或鼓励性评价分不开的，教师要相信学生会成功，并善于通过各种方法去引导和帮助学生学会运用自己的力量去克服困难，获得成功。这也是培养学生意志品质的有效方法。

对小学生道德品质的培养也是教育的重要任务。小学生道德品质培养的关键就是要使他们能做到言行一致、校内外一致。学生言行不一的现象既与学生的意志力薄弱有关，也与学生的道德行为的养成需要一定数量与强度的实践和训练有关，同时还与教师的具体做法欠妥当有

关。脱离学生生活实际的空洞说教是无助于学生做到言行一致的。对同年学生的道德品质教育，一是要提高道德认知，使他们知道哪些行为是道德的，哪些是不道德的，哪些是可做的，哪些是不可做的；二是进行及时的道德评价，纠正不道德行为，强化道德行为；三是让学生进行道德实践，这一点教师应注意榜样教育，特别要注意利用他们身边的榜样，因为身边的榜样与他们的日常生活密切相关，他们容易模仿和实践。

可见，建设小学班级文化，小学生是不能忽视的关键因素。因此要想让小学班级文化建设达到促进学生发展的目的，就必须针对小学生的身心发展特点去进行，并积极调动学生参与到班级文化建设中来。

四、家长

家长也是小学班级文化建设的重要因素。我们常说家长是孩子的第一任老师，可见家长对孩子的成长具有重要作用，即使孩子上学了，家长的影响仍在，并会不同程度地影响小学班级文化的建设与发展。

家长对小学生影响的主要特征有：①在学生的首先面临生存环境与发展环境——家庭中，家长所施加的是一种“先主性影响”；②作为学生的生活群体，家庭的一切活动均发生于生活过程之中，家长的大多数活动都会或多或少地影响着学生的发展，因此，家长所施加的是一种“生活化了的影响”；③作为一种面对面的小群体，学生与家长均能产生高频率互助，更由于我国现阶段学生多为独生子女，故家长对学生的影响是一种“聚合性影响”；④作为以经济联系为纽带的群体，家长常常有意无意地将物质奖励作为增强其影响力的手段，故家庭影响不仅左右家长的社会地位优势或亲子情感，而且还伴有物质后盾。

家长要利用自身在教育孩子过程中的优势，积极与班主任进行沟通，配合班主任工作，切忌采取一些消极不正确的方式教育孩子，抵消班主任教育成果。

第三节　小学班级文化建设的内容与特点

小学班主任在建设班级文化时，需要对班级文化的特点和建设内容有周密的思考和认识，否则可能会陷入主观主义的做法而无视学生、班级的特点，造成工作的失败。

一、小学班级文化建设的内容

（一）小学班级文化建设的基本内容

关于小学班级文化建设的基本内容，从文化的外在的、对象化的表现形态进行分析，我们把班级文化建设内容确定为物质文化、制度文化、行为文化和精神文化建设四个方面。

1. 物质文化建设

小学班级物质文化，指老师和学生共同创造和使用的，反映班级成员的价值观、信念和精神面貌且被人们直接感觉到的客观存在物。主要包括：教室环境，也就是教室的设计和布置，例如阅读吧的布置、心语墙的布置、日常评比登记表的布置、课桌椅的摆放等；师生的仪表（师生的发型、穿着）；座位的安排等。

物质环境不仅提供了学生生活的空间，而且是育人的阵地。优美的物质环境能给学生添加生活与学习的乐趣，消除学习后的疲倦，更重要的是，它有助于培养学生正确的审美观，陶冶学生的情操，激发学生热爱班级、热爱学校的感情、增加班集体的凝聚力，是班风建设、班集体建设所不容忽视的部分。

2. 制度文化的建设

小学班级制度文化是指被班级全体成员认可和内化的一系列的规范体系。它们可以规范师生们的行为，以保证绝大部分成员的利益。班级制度文化包括班级公约、日常规范、班级岗位责任制度、班干部选拔制度、考核制度、奖惩制度、学习制度等。

马卡连柯提出过“严格要求”的教育原则，其实对学生进行严格管理才更有利于学生个性健康地发展，也才能保护班级多数人的利益。除此之外，班级制度文化建设有利于树立班级精神的氛围，有利于塑造班级理念。

3. 行为文化建设

行为文化是班级全体成员在共同参加的除课堂教学以外的各种各样的教育教学活动中表现和创造出来的活动文化。班级中常见的活动文化有晨会、夕会，主题班会，班级文体活动，团队活动和社会实践活动。

班级活动可以集中体现一个班级物质文化、制度文化和精神文化的建设水平。同时班级活动是对学生进行教育的重要基地，也是学生自我教育的基础。班级活动可以使学生表现除学习之外的特长，从而能增加学生的班级凝聚力和归属感，促进全体学生全面发展。

4. 精神文化建设

精神文化是在班集体建设和参加各种各样的活动过程中产生的被大多数班级成员认可的价值观、信念、态度等意识形态。精神文化具体表现在班风、学风、班级舆论、人际关系、班级目标等各个方面。

精神文化建设是班级文化建设的核心和灵魂，精神文化建设的好坏决定着班级文化建设的好坏。除此之外，一个班级的精神文化集中反映了该班的本质、个性和精神面貌。班主任在精神文化建设中，要努力使班级形成正确的价值观，健康的班风、学风，积极的班级舆论，正确且符合实际的奋斗目标，和谐的人际关系。精神文化的建设可以带动整个班级文化的建设。

（二）当前小学班级文化建设内容方面存在的问题

1. 小学班级文化建设的“硬件”环境投入不足，促进人发展的功能发挥不充分

小学班级文化的“硬件”环境是指学校文化载体的物质形式，包括环境、设施、教学、生活等方面的物质载体，是班级文化的物质基础。通过对班级物质环境实体的美化，赋予其班级文化内涵，呈现班级的特色文化氛围，发挥“环境育人”的作用。因为升学教育与素质教育之间的矛盾，使得学校、班主任过分关注小学生学习成绩的提高，忽视了班级物质文化环境的建设，导致班级硬件建设往往只能保证基本需求，很难得到与时俱进的优化和提升。

2. 小学班级文化的“软件”建设发展失衡，隐性功能难见成效

“软件”建设实质就是精神文化载体建设，是班级文化的核心层。

班级的精神文化，是全班师生共同认可的并具有该班特色的理想信念、价值取向、道德规范和行为方式等精神因素的综合。精神文化载体具有隐性教育的功能，也就是说通过显性教育载体（比如课堂教学、班队会活动等）之外的环境、行为和内容进行暗示和影响，使受教育者在无意识中接受教育影响。隐性功能一般隐含在班级环境、制度体系、行为活动中。当前，班级精神文化建设的隐性功能发挥不明显，对受教育者所起到的教育和导向作用微弱。主要原因是由于社会环境的复杂多变性使得小学生在价值取向、心理等方面问题较多，需要通过多种教育手段对学生进行引导，而目前的小学思想道德教育表现在教育方式单一、制度体系不完善、师生关系缺乏交流、班级难以形成稳定的价值体系等，导致精神文化建设的隐性功能弱化，没有真正起到“润物无声”的作用。

3. 网络文化迅速普及、发展，虚拟空间管理严重滞后

网络文化是极具时代特征的一种文化形式，是人们在社会活动中依赖于以信息、网络技术及网络资源为支点而创造的物质财富和精神财富的总和。它作为文化的一种表现形式，以其信息量大、传播速度快、覆盖面广、娱乐性、便捷性和隐匿性等特点成为小学生获取各种信息的重要渠道，成为班级文化从现实空间向虚拟空间拓展的有效方式。另一方面，信息网络的普及也使班级内信息来源急剧多元化、复杂化，正改变着小学生的学习、生活和思维方式，给小学班级文化建设带来巨大挑战。由于虚拟形式与传统的实体文化载体形式传播途径、交流平台相互对立，利用网络开展教育活动的专业人才极度缺乏，网络系统建设严重滞后。其次，网络环境的开放和隐蔽性使得一些小学生沉迷于虚拟世界

无法自拔，产生很多心理问题。第三，网络信息的多元化冲击班级文化环境，各种思想文化的聚集极易引导学生误入歧途，网络文化环境亟待净化。

（三）解决小学班级文化建设内容方面存在问题的措施

1. 加强班级文化“硬件”建设，打造实现培养全面发展的人的坚实的物质文化平台

班级物质文化环境赋予班级以生命的活力，体现班级的精神面貌和文化底蕴。良好的班级环境对于个人性情的陶冶、身心健康发展和良好品质的形成具有感召、促进和约束等作用。只有依托物质文化环境的打造，促进班级自然环境和人文环境的有机整合与和谐发展，才能营造出“草木劝学，墙壁说话”的育人效果。因此，班主任在进行班级整体布局、规划和设计时，应根据自身的教育理念、特色和培养目标进行“硬件”建设，充分利用自然山水、花草树木、雕塑、墙壁、走廊、橱窗等文化表现物传递信息，以达到文化性、艺术性、教育性的有机融合。

另外，班主任应把物质文化环境的开发与建设向学生开放，鼓励小学生参与到班级物质文化的建设中。小学生思维活跃敏捷、兴趣爱好广泛、富于异想天开，可充分激发他们的创造力，增强其开发物质文化的意识。小学生在创造中会把自身和班级紧密联系在一起，认同感和归属感不言而喻，实现知行的高度统一。

2. 提升班级文化“软件”品质，凝练班级精神内涵

精神文化载体是以软件形式存在的，是班级文化载体中最坚韧的内核，体现在班训、班风、学风、精神面貌等方面。它是班级的特色和灵

魂，由全班师生认同的相对固定的价值体系和学校精神构成。

（1）凝练班级精神内涵。

（2）加强班风、学风建设，提升学生的道德品质和行为素养。

3. 加强网络阵地建设，拓展小学生教育的新渠道

拓展班级文化建设的虚拟空间，就是要加强班级文化网络阵地建设。一是坚持正确的价值观，加强正面引导，积极探索建构小学生教育网络引导的新模式。通过引导和启发，增强小学生的辨别意识和能力。二是创建融思想性、知识性、趣味性、服务性于一体的班级QQ群，积极推进网络文化建设的健康发展。三是加强对网络文化的监管。由于网络的虚拟性和匿名性，使得信息的传播容易偏离正确的导向。因此，学校及班主任要采取措施加强网络监管，有效遏制网络文化的负面影响。

二、小学班级文化建设的特点

（一）小学班级文化建设的不确定性

由于班级文化建设内容的表现形式是多样的，小学生的个性特点和生活年代是有差距的，社会是在不断发展变化的，学校、家长、社会的关系是复杂的，所以班级文化建设过程中存在着极大的不确定性。小学班主任在了解接手班级学生之前，是难以确定要具体建设什么样的班级文化；即使是班主任明确了建设什么样的班级文化，但是在具体实施落实过程中，完全可能会因为一些偶然事件而导致班级文化建设方向发生变化。所以小学班主任在建设班级文化过程中，既要坚持育人的基本原则，又要具有一定的灵活性。

（二）小学班级文化建设的不可逆性

小学班级文化建设一旦开始实施，其所造成的或好或坏影响是无法改变的，因此班级文化建设具有不可重来的特性。对于班主任来说，小学班级文化建设的这个特点要求教师进行班级文化建设不可草率、敷衍，一定要细心谨慎。

（三）小学班级文化具有人为的性质，它是人类的本质活动的对象化

具体说来，文化往往同自然和人的先天因素相对，代表着对自然的超越。它是学习而得的行为方式，并非源于生物学，而且为社会成员所共有。人饿了就吃东西，这是先天生物本能决定的，属生理现象，不是文化；但吃什么，怎么吃，以什么方式吃则是一种文化。

（四）小学班级文化具有群体性

小学班级文化是经过长期活动积淀下来的、被群体所共同遵循或认可的共同的行为模式。文化对于个体的存在往往具有先在的给定性或者说强制性。个人的偶尔的行为，或者只是某些人所运用的、不被群体所认可的行为方式，不构成文化模式。正是因为文化的群体性和共同性，所以对个体具有强制性。一个人行为如果明显背离所生活于其中的文化，他的生存就将陷于困难。

第二章　小学班主任建设班级文化遵循的准则

小学班级文化建设是一项严肃的事情，来不得半点马虎和敷衍，小学班主任为了能够把工作做好，成功地完成班级文化建设，达到育人目的，需要遵循班级文化建设的准则。

第一节　小学班级文化建设的一般性原则

一、调动利益相关者积极参与

（一）班级文化建设不是一厢情愿的活动

从文化的界定及班级文化的特点来看，班级文化的形成不是班主任的独角戏。班级文化建设的主体是多元的，既有班主任，还有学生，更有家长、任课教师的参与。因此，教师的一厢情愿只能遏制健康班级文化的形成；班级文化建设是教师、家长、学生、其他教育工作者共同努力实现的，是一个多方互动的活动。

（二）班级文化建设是在复杂社会环境中展开的

班级文化建设不是脱离社会大环境及生存小环境存在的。因此，班主任在建设班级文化过程中，既要注意社会大环境的变化发展，更要注意周围小的生存环境对班级文化建设的影响。

二、小学班级文化建设的一般性原则

（一）以文“化”人的原则

这是由班级文化的功能和性质所决定的。即指要突出班级文化建设中的“文化”对学生“濡化”和“社会化”的影响作用。

“濡化”（Enculturation），源于文化学，指一个全方位的学习文化过程。人们总是立足于对文化研究的基础，按多数人所能接受的程度，系统地对所研究的文化进行选择，然后才接受、适应。所以，濡化往往是人们生活在“文化”中的第一步。与“社会化”相比，它更倾向于个人如何实现社会对其的要求，即个体社会化。

班级文化一旦能提供这一文化氛围，也就是产生濡化的开始。“社会化”（Socialization），源于社会学，是指人类社会对人类自身所制订的一套强制性的要求。社会化往往是社会对群体所提出的要求，更强调群体的社会性。而班级文化一旦提供这一文化氛围，也可以促使群体社会化。

（二）继承和创新的原则

班级文化总是在一定传统基础上继承其特征，但又不断打破旧的传

统、建立新的传统实现创新。在建设班级文化时，对一切有利于新的时代、新的社会生活发展的文化内容和形式都要大力提倡，使之发扬光大。对一些内容和形式都已陈旧，并且已显示出失去了生命力的文化，我们应当使之淘汰、去除；对一些仍有“合理存在性”的文化形式，我们要革新其内容。

如何创新？一方面是同文化群体在继承基础上的创新，如班级学生及其他班级学生的创新；另一方面是借助非同一文化群体的“文化传播”，即接受社会中的新文化现象，将之发展成新的形式和内容。

（三）目的性原则

人的活动是有目的性的，而且这种目的性具有社会性和意向性这两个最根本的性质，这种性质的活动也就是我们常说的实践活动。因此，我们在讨论班级文化建设的目的性原则时，实际上就是在讨论班级文化建设中要如何实现我们所预期的文化，如何利用客观条件，如何凸显并保护受教育者的利益等等。比如：要处理好班级文化与社会大文化的关系，要处理好实现教育目的与班级文化建设的关系，要处理好班级文化与校园文化的关系，要处理好受教育者与教育者、社会的关系，等等。

（四）方向性原则

方向性原则是指教师要对班级文化建设的内容和形式要过问，方向要把关，要确定班级文化建设坚持坚定正确的政治方向，使师生有努力的方向、有行动的准绳。

（五）计划性原则

计划性原则是指班级教师要从培养全面发展的合格人才出发，结合班级的实际，制订出进行班级文化建设的具体实施计划。它既要有较长时期的建设规划，又有短时间的具体安排，还包括近期具体工作的内容、任务、要求、实施方案以及检查评比、总结表彰等等。

（六）系统性原则

系统性原则指班级文化建设是一个系统工程，只须调动班级全体师生和社会方方面面的力量，齐抓共建，才能形成合力，实现班级文化建设的综合效益，不能搞“单打一”。

（七）指导性原则

指导性原则指班级所开展的活动要适合青少年的特点，不能撒手不管，也不能包办代替，要加强指导、辅导，使班级文化活动具有针对性、知识性、教育性、趣味性和群众性，使每项活动都能使学生受教育、学知识、长才干、有提高。

第二节　班级文化建设中要协调好不同文化类型的关系

一、学校文化与班级文化的关系

学校文化是学校所特有的文化现象，是以学校管理者和全体师生员工为主体的校园人在学校的管理和教育教学活动中创造出的以群体价值观念为核心的一切精神、物质、组织制度的产物。而班级文化，是以

班主任为主导，在科任教师及其他教育人员的配合下，与学生在共同活动中形成的价值观、思维模式、审美趣味、道德情操等内容，其中价值观念系统是核心。可见班级文化是校园文化的组成部分，是体现学校文化的重要载体。

班级作为学校组织的一个下属组织，班级的发展与学校的发展紧密相连，学校文化的大气候是班级文化发展的直接影响力量。班级虽然是一个相对独立的系统，但不可能脱离学校而单独存在。因此研究班级文化的发展不得不放在学校文化的大背景中来考虑。

学校作为一种教育组织，同时也是“文化传统的产物，是以传递文化传统为己任的，是经过历史的积淀、选择、凝聚、发展而成的，它负载着深厚的文化，在某些方面是文化精神、要求的集中体现”。不同于家庭文化和社会文化，学校文化的特征更加接近于班级文化。学校文化对于班级文化发展的影响，我们可以从相邻班级文化的影响得到启示。

在同一所学校内部，相邻班级既可以指在地理位置上的相邻，也可以指同属于一个年级的两个或两个以上的平行班。在我国，一般来讲同级的班在地理位置上也常安排在一起，是“隔壁班”。相邻班级之间的交往互动，由于是同级又由于距离的接近往往就会比同一所学校其他的班级互动要多得多。这种互动的形式既有相邻班级中学生个体或某些非正式学生群体之间的非正式交往，也有在不同班级教师的合作和主持下班级与班级之间的交往互动。在这些交往互动中，彼此的班级文化会因频繁的接触而一定程度地渗透到对方的文化中。

因此，班主任在进行小学班级文化建设的过程中，需要与学校文化的内容和导向保持一致，避免出现班级文化与校园文化的不一致或相背离的情况。

二、教师文化与学生文化的关系

在班级文化建设中，教师与学生都具有各自的文化属性，教师与学生都是以一定的文化为标志出现的，教师的群体文化为教师文化，学生群体的文化为学生文化。教师文化的概念就是：蕴含在教师日常生活中的主体价值规范体系，是教师教育生活的“意义”网络。学生文化就是指某个或某些学生群体在课堂、班级以及校外其他场所和情境中，具有的独特的行为规范、言语表达和价值观念所构成的生活方式。它体现同一年龄和时代的共同性，但更多的是体现了不同学生间的差异性。学生文化是生成的，除了学生自身的年龄特征和个性因素外，社会背景、家庭风貌、学校教育和同辈群体都对其不断成长和发展提供了源泉。

班级文化建设就是教师文化与学生文化的互动，这种互动的结果一般有四种表现，依次是：教师“胜利”，成为班级主导；学生“胜利”，成为班级主导；教师与学生共同“胜利”，握手言和，相互接纳；教师与学生彼此敌视，成为“永远的对手”。这种互动的结果可以进一步概括性地描述为：教师文化为导向；学生文化为导向；教师文化与学生文化彼此融合；教师文化与学生文化相互隔离。上述情形中，我们应该避免的是第四种情况，理想情况是师生双赢，退而求其次是第一二 种情形。

第三节 明确班级文化建设的方向

一、物质文化建设：体现童趣，重在参与

小学低年级集体意识不强，学习、做事的动机更多的是出于活动本身或兴趣，因此进行物质文化建设要体现童趣性，激发他们的热情。小学生到了中高年级，他们的自我意识加强，已经有了集体意识，这时候就要把物质文化建设交给学生，发挥学生的主动性和创造性，当然班主任老师要起主导的作用。整个小学时期，由于小学生的特点，班主任要经常在班级强调物质文化内涵、建设的目的是什么，从而达到建设的目的。

二、制度文化建设：兼顾形式与内核

俗话说“无规矩不成方圆”，对于人生观、价值观、世界观还没成熟，甚至可以说还没形成的小学生来说，这句话尤其正确。小学生自控能力差，只有制订一整套的制度对其约束，并在此基础上监督，管理才能达到预期的效果。我们不但要重视班级正规制度，还要重视班主任根据班级实际创造的班级非正规制度。班级非正规制度对学生的影响更具体，更大！在制度文化建设的过程中还可以产生一些岗位，为小学生提供锻炼的机会和展示自己的平台，使其通过参加集体事务慢慢地有集体意识，从而加强班级凝聚力，巩固和加强班集体的组织和纪律。

三、行为文化建设：重视引导儿童进行自主活动

据有关学习动机的研究表明，小学低年级的儿童相对高年级的学生，他们的学习动机更具体，学习动机更多的与学习活动本身和学习兴趣直接联系。小学生的这些特点就要求只有在活动中才能践行班级文化。举行各种各样的活动一定要适合小学生的特点，使活动本身要有趣味性，让学生们在玩中就能领悟活动本身的内涵，从而使这些内涵内化为学生自己的行为。

四、精神文化建设：重在正面引导，关注正确价值观的形成

小学生的人生观、价值观、世界观都还没有定型，他们很容易受到外界的影响。对于小学班级来说，精神文化的建设就显得更为重要。精神文化建设包括班风、学风、班级舆论等深层次的文化建设。这些深层次的文化是在老师和同学们的交往中产生的，这些交往集中体现在活动文化中。老师要根据儿童文化的童趣性、兴趣性，在活动中渗透精神文化的内容，让小学生在玩中领悟活动的内涵。

第四节　影响小学班级文化建设的因素

一、影响班级文化建设的自身因素

班级文化代表着班级全体成员所共有的价值观，也可以叫做班级组织中的主流文化，然而在一个高度发展的集体内部，除了拥有自己的主

流文化外，还存在多种多样的只为少部分成员所认可的、与主流文化相对的亚文化，它们的构成状态及与主流文化的力量对比的变化是构成一定班级文化发展的自身因素。在班级组织中，亚文化通常产生于各种非正式群体中，班级成员的多重差异，如性别、家庭出身、个性特征、能力等等是产生亚文化的原因。这些只属于少部分班级成员所拥有的文化，我们把它叫做班内亚文化。

（一）班级亚文化的特征

班级亚文化主要有如下特征：第一，自发性。相对于班级文化而言，班级亚文化通常是某些兴趣相投成员间长期互动而自发形成的文化模式，较少受到来自教师的有目的的影响和控制。从班级亚文化形成的原因来看，班级亚文化的功能在于满足一部分学生的特殊需要。第二，暂时性。由于班级亚文化群体是学生自愿结成的组织，所以具有较大的可变性，随着成员兴趣的转移和对新的社会经验的需求的改变，他们大多会结成新的群体，产生新的文化形式，因此这种亚文化经常是易变易逝的。第三，具有强烈的自我认同和归属感，它常常用“我们”来表示。第四，具有较强的排外性，对于圈外人士常常用“他们”来表示。具有相同亚文化的学生往往认为圈子内的人都是好的，圈子外的人都是坏的，或者是不怎么样的。

（二）班级亚文化的类别

班级亚文化的类别有不同的划分标准，目前尚无一致的看法。我们依据亚文化主体对于所属班级的认同以及对于知识学习关心的程度可以将班内亚文化分为四种：第一，学习型亚文化。把眼前的学习和将来的发展联系起来，与同学在一起常以在一起学习和考试为话题。第二，娱乐型亚文化。重视与朋友和同学的交往，重视班级的各种课外活动，尽量享受班级生活的快乐。第三，偏离型亚文化。不愿意学习，对学校或班级的规章制度感到压抑，期望早日离开班级走向社会。第四，孤立型亚文化。不适应班级中的人际关系，缺少朋友，感受不到学校生活的乐趣等。

（三）班级亚文化与班级文化发展的关系

班级文化与班级亚文化的关系是复杂的，大致说来存在以下三种情形，并相应地对班级文化的发展具有不同的影响。

第一，共存关系。班级文化与班级亚文化协调并存，亚文化作为班级主流文化的必要补充而存在。例如班级中的性别文化，男女生常常有自己的服饰风格，这与班级主流文化的服饰文化（例如要求朴素大方）是不矛盾的。这种关系中班级文化的发展比较顺利，甚至可以和班内亚文化达到共同繁荣的目的。

第二，相斥关系。班级文化与班级亚文化常常会产生激烈的矛盾冲突。这时的班内亚文化也可叫做反文化，它所倡导的价值观往往是与班级的主导价值观相悖的。例如班级某些个体或某部分成员表现出的旷课、抽烟、酗酒、穿奇装异服，甚至打架斗殴，利用各种各样的方式反抗班级主流文化。在这种关系中，班级文化的发展受到很大的阻碍，它必须经过长时间的抗争，才能使自己的主导价值观确立下来。

第三，转化关系。班级文化与班级亚文化在一定条件下朝着对方所倡导的价值观转化。班内亚文化与班级主流文化的概念是相对的，在一定的条件下，属于亚文化的东西可以上升为班级主流文化的东西，而属

于主流文化的东西在一定的外部影响下，也可以转化为亚文化，甚至归于消亡。在这种关系中，我们可以看到，班级文化与亚文化的发展呈现出此消彼长的现象，彼此为对方提供发展的方向。

二、影响班级文化发展的外部因素

班级外部的大文化环境也是影响班级文化发展的一个重要因素。班级外部的文化环境是指班级成员的社会文化背景和家庭背景，同时还包括班级所在的学校文化背景。班外文化以大的文化背景的方式渗透到班级组织中，对班级文化的发展起着潜移默化的作用。

（一）家庭文化与班级文化发展

家庭文化是成员个体身上所体现的所在家庭的主导价值观。根据学生与父母亲的关系，我们将家庭文化分为三类：其一，成人中心型文化。这种文化的特点是子女要服从父母的愿望，子女的行为要讨得父母的欢心，父母与子女之间缺乏沟通和理解。其二，子女中心型文化。这种文化的特点是父母将孩子放在首位，把一切希望和爱都集中在孩子身上，为了孩子可以放弃个人的愿望。其三，指导型文化。这种文化的特点是父母对于孩子的成长有明确的期待和目标，在教育孩子方面，注重孩子的自我发展，重视孩子良好个性的培养。

班级成员往往来自不同的家庭，拥有不同的家庭文化背景，个体生活在家庭中，其思想、行为难免打上家庭的深刻烙印，当个体将这些文化带入班级中时它所具有的特质部分往往会与班级的主导价值观发生接触，“或引起激烈的冲突，或在班级中或强化、或经由群体间的交互作用维持这些特征”。因而这些不同特质的家庭文化既可以成为班级文化发展的消极力量，也可以成为班级文化发展的积极力量。

（二）社会传媒文化与班级文化发展

工业文明和商业文明给任何开放的社会和国家带来了物质的富裕和社会的进步，同时它也会使社会的文化以及人们的精神世界发生变异，从而出现种种“后现代主义”所描述的现代病症，如孤独、感情淡漠、自私、心理变态、人格分裂等等。这些文化的变异更是借助于大众传媒手段以极快的速度迅速蔓延开来。由于现代社会，报刊、杂志、影视、广播特别是计算机网络等大众传媒的迅猛发展，使人们生活在一个信息化的社会中。信息化社会打破了组织的自我封闭状态，学校班级已无围墙可言，大众传媒所带来的社会思潮、时尚、文化习俗、价值观念不管是文明还是糟粕，都给班级文化的发展以极大的冲击。

社会传媒文化所倡导的价值观往往是良莠不齐、鱼目混珠的，对班级文化发展同样既有消极的一面，也有积极的一面。班级文化作为道德教育的手段应试图克服不良文化的渗透和影响。

（三）社会控制与班级文化发展

社会控制是“通过社会力量使人们遵从社会规范，维持社会秩序的过程”，它“既指整个社会或社会群体、组织对其成员行为的指导、约束或制裁，也指社会成员间的相互影响、相互监督、相互批评”。[1]从来源的角度看，社会控制可以分为内部控制和外部控制。所谓内部控制，就是通过各种影响在其成员内心建立起控制机制。如，我国古代儒家学

[1] 费孝通主编：《社会学概论》，天津：天津人民出版社，1984年，第181页。

者所倡导的伦理道德准则就起到了制约人们行为的作用。“慎独”、“君子不欺暗室”等都是儒家刻意追求的自我控制功夫；在当代社会生活中，学先进、讲修养、讲文明等同样属于内部控制。所以很多学者认为：“最有效，并持续不断的控制不是强制，而是触发个人内在的自发性的控制”。所谓外部控制，就是通过外在力量控制社会成员的行为。外在力量首先表现为任何社会都有一些既定的规范。如孩子要服从自己的父母，学生要服从学校规定、尊敬老师、遵守纪律等等。

社会控制无处不在，其在班级文化的建设与发展中亦有明显的投影。班级文化建设一方面是为了促进学生的全面发展，另一方面也反映了教育者及教育机构力图通过班级文化的手段促使学生顺利完成社会化。由于社会控制的渗透，学生在班级文化建设中学会了服从学校领导、教师、班级干部，学会了放弃或保留自己意见而接受班级共同舆论和价值观念。

因此，班主任在建设班级文化过程中不能忘记社会控制的影响，但是也不能全盘接受社会控制的影响，要辨别社会控制是否合理。对于合理的社会控制、主流的社会控制，要自觉地引入班级文化建设中，为学生社会化创造有利条件，对于不合理的社会控制（如宗教、盲目从众等）要学会抵制，避免学生受到负面影响，危及学生的全面发展。

三、影响班级文化发展的主导因素

前面所讲影响班级文化的外部因素和自身因素对于在同一所学校内部，或者对同一个年级的平行班之间来说，在统计学上并没有显著的差异性，因此按常规的推论而言，所有的校内平行班应该拥有相似的班级文化，然而事实却恰恰相反。同一个学校内部的平行班之间常常会有迥然不同的班级文化和班级风貌。究其原因，是因为在某些先进班级文化背后经常会存在一个优秀班主任。作为学校的基层组织，学校对学生的教育主要是通过班级来实施的，因此班主任对班级成员是全面负责的，他既是班级活动的指导者，又是班级各种教育力量的协调者，可以说班主任在班级的运行中处于主导的地位。因此在一个班级中班主任对于班级文化的自觉批判意识以及文化重构能力是班级文化发展的主导因素。具体说来表现有以下几个方面：

第一，了解自己。班主任要善于发现和了解自己所属的文化，识别出引导自己行为的价值观，以及在处理与学生关系时所拥有的基本假设和框架。优秀的班主任常常是一个理性反省者，一个文化的自觉者。

第二，了解班级亚文化。班主任要善于关注各种非正式群体的发展，试图从他们的角度去认识他们的文化，在甄别出教师个人的假设和参考框架的同时，同时形成倾听学生声音的能力。

第三，了解和分析现有班级文化。班主任在试图重建班级文化前，重要的是去理解它，要用文化的观点进行考察、诊断和分析。要了解班级成员共同的价值和假设到底是什么。

第四，形成和抵制某种文化的策略。班主任老师除了应有强烈的文化自觉和诊断意识外，还应该掌握一定的形成和抵制某种文化的策略。一般说来，较为密切和持续的相互作用是文化发展的强有力因素，为某些群体提供特定的生活区域是促进其形成某种文化的一种有效办法。同样，要抵制一种文化，将这一群体所属的亚群体分开来也是一种有效的策略。

第三章　小学班级文化建设的措施

第一节　班级文化建设中存在的问题[1]

一、缺乏平等意识，采取家长式看管

在班级管理的过程中，教师从早到晚严格看管学生，这样虽然风平浪静，学生安然无恙，但学生的自我教育没有得到培养，缺乏自己活动的空间，创新没有了可以生长的土壤。教育不是个体行为，不是老师、家长单独能够完成的任务；教育也不是家长对子女、老师对学生的单向过程，更不是教育者对受教育者的强制过程。这种旧的教育观念，基本上没有受教育者的地位，或者他们总是处在从属的、被动的地位。这种不平等泯灭学生的个性、扼杀了他们的创造性。在班集体建设过程中，是否真正把学生当成班集体的主人，是否为每个成员创造了成功的机会，使他们能找到自身满足的位置，看到自身价值的存在，使他们的兴趣、爱好、特长得到满足和展现，使他们的个性得到健康充分地发展，这是衡量一个优秀班集体的最根本的标志。

[1]　参见潘丽珊：《班级文化建设中的问题与对策研究》，东北师范大学硕士论文，2005年。引用时做了修改。

二、忽视学生成长环境的营造

目前，一些地方学生成长的文化环境不容乐观，宣扬色情暴力的非法音像出版物、口袋书和黑网吧充斥街头，调查表明，有三到五成的学生受到感染，有5%–10%达到痴迷程度，有的成为问题少年儿童。一些非法经营者利用网吧、电子游戏机房、录像厅、非法盗版出版物等散布色情、暴力、赌博、迷信等内容，危害学生身心健康，引诱毒害学生。从教育的主渠道、主阵地来讲，营造一个好的成长环境，教育学生认识世界、认识自我，无疑是教师责无旁贷的工作。

三、忽视学生合作意识的培养

学会共处是班级文化建设中的重大课题之一。学生的健康成长，将关系到我们整个社会、整个民族。教育的成功与否，将对他们今后的才智与个性的发展起重大作用。教师不仅要教给学生文化知识，还要教学生如何做人，如何适应社会。班级正是一个社会的缩影，是为学生今后适应社会提供的一座桥梁。由于现在家庭结构发生了变化，独生子女人数占在校学生人数的绝大多数，怎样使得独生子女摆脱"自我中心、唯我独尊"的意识，使在家庭中被娇生惯养的孩子，在学校这个大集体中渐渐改掉自私、任性的毛病，正确处理好个人与集体之间的关系、人与人之间的关系，学会共同生活，培养学生的合作能力，这是当前班级文化建设存在的一大难题。

四、对学生自我管理的重视不够

在当前的教育中，很多班主任还在采用传统的班级管理方式进行学

生管理，或是强制性地发号施令，或是家长制地出言必训；或是保姆式地看管，不给学生一点自由支配的权利。长期以来，这些班主任起早贪黑，事无巨细，一切都亲自包办，整天忙于处理班级的各种具体事务。就这些班主任主观方面而言，非常认真负责，可以说是整天泡在班里，但结果却是事与愿违。教师刚一离开教室，班级又乱作一团。究其原因，这种传统教育的过程开放度不够，学生参与程度不足，因此，学生的自制能力没有培养出来。这种管理方式一方面使班主任疲于奔命，事务缠身，不利于自身的提高；另一方面，这种"保姆式"的管理忽视了学生的主体性，压抑了学生的自主、自理、自治能力的发挥，不利于现代人素质的培养。

五、班级文化活动的开展过于形式

有关班级文化建设的研究，大部分学校都较重视相对集中的、阶段性的主题型大活动，这无疑是必要的。系列的班级活动的开展以及对这些活动切实效果的追求，同样是我们关注的问题。成功的活动犹如生活中的浪花、记忆中的亮点，在学生生命发展的历程中留下鲜明的痕迹。然而班级生活中另一类型的活动，那些每天在每个班级都存在和必须做的事，如它的组织、进行方式等却往往不被人们重视。不少班主任只知按规定办，按传统办，按常规办，以为这样就行了。日长事久，大家不再对这些做法的合理性做反思，对如何改革做探讨。学生每天在校的班级生活就是与这些日常活动相关的。正是这些日常事务和处理这些事务的方式，对每个学生在班级中的地位与心理健康、自我认识与社会交往以及一系列道德品质的发展，具有不可忽视的、持久和深入的、潜移默化的影响。

六、忽视对学生创造力的培养

班级文化建设是一项长期和综合性的工作。学生是班级的主人，教师要充分发挥他们的想象力和创造力，激发他们用自己的智慧和双手来创设有特色的且为自己所喜爱的文化环境。教室，不仅是学生学习文化知识的主要场所，也是重要的育人阵地。优美、高雅、富有教育性的班级环境文化能陶冶师生的情操，沟通师生的心灵，激发师生教与学的积极性。在班级环境文化建设上，许多班主任把布置课室、更换黑板报、墙报等任务交给少数能写善画的学生。那些没有参与的学生，如果对这些黑板报、墙报不感兴趣，那么再美再好的黑板报、墙报对于整个班级的教育活动又有什么意义呢？每个人都有“把自己才能表现出来”的良好愿望，而班级文化的建设给学生提供了一个施展才能的舞台，只是我们没有很好地利用它。

七、忽视网络文化对学生的负面影响

网络是一把双刃剑，它既可以拓宽我们的视野，充实我们的知识，使我们成为网络时代的胜利者；网络同样也能让我们颓废、堕落，使我们成为网络时代的牺牲品。调查显示，某校学生家庭目前的电脑拥有率为95%，其中90%家庭能够上网，85%的学生经常上网。已有八成学生把上网当作课余主要活动，上网的主要目的是收集资料、聊天和游戏。但是网络把丰富的知识、信息奉献给他们的同时，也把“垃圾”和“黄毒”塞给了他们，造成负面的、消极的影响，甚至导致了严重的道德失范。形形色色的网络文化对学生思想形成冲击，特别是由此所带来的负面影响。一项网络使用情况的专项调查，目前北京市有14. 8%的孩子患上了

网络瘾症。被称为“电子海洛因”的网络游戏正蚕食着未成年人的心理和生理健康。网络需要我们重新设计德育，重新开发学校的德育资源，重新开发学校德育的渠道。

八、对学生个案的咨询与辅导工作重视不够

我们目前面对的教育对象许多都是独生子女，生活经历独特，加上住房、家庭、社会等各种因素的影响，使这些被宠坏了的“小皇帝”、“小公主”拥有太多的优越条件，以至于他们的心理承受能力和社会交往能力都有所欠缺。在社会环境或人际关系发生急剧变化时，心理的机能往往适应不了，结果导致一系列的心理紊乱，机体生理机能失调，以及大脑皮层的兴奋抑制平衡失调而致病。另外“望子成龙”这浸透着父母舐犊之情的拳拳之心，在物质条件比较优越又缺乏正确教育思想等多种因素的状况下使当今许多“小皇帝”滋生了许多“幸福病”、“懦弱病”。由于缺乏起码的耐受力，不少儿童偶尔考试失误便百念俱焚，心灰意冷；与父母、教师稍有口角便离家出走；平时说起话来尽是豪言壮语，可一遇事便惊慌失措，甚至因绝望而导致悲剧……这样的儿童长大以后是无法适应21世纪那个复杂多变、充满竞争、挑战和快节奏的社会生活的。但就目前的情况来看，学生心理辅导工作的开展是片面的，学生的思想工作还是班主任个人的事。由于班级人数较多，班主任很难深入做好每个学生的思想工作，这极易引发安全隐患，不能及时阻止一些事故的发生。

九、班级文化建设以“分”为本，对学生缺乏正确的评价

班级管理与评价盛行分数主义，结果见“分”不见“人”，重“分”不

重“人”。分数主义、班级量化分数管理严重扭曲了班级管理的价值取向，教育工作被蒙上了强烈的功利色彩，利益驱使代替了事业追求。因此争当“文明班”已成为许多班主任工作的指挥棒，只要学生的行为与这一目标相抵触，他必定是个“差生”。虽然实行日常行为规范分数量化措施，并和学生操行评定、先进班级的评比挂钩，这对促进学生良好品行的形成无疑有一定的成效。但如果将其作为衡量一个学生好与差的标准，就未免太过了。即使一些不合情理的做法，学生也得忍气就范，这极容易触发学生的抵触情绪。

十、班级文化建设中封闭状态明显，而开放性不足

社会转型期的社会文化呈现出极其复杂的形态，既有本土的又有外来的，既有传统的更有现代的，既有健康的积极的，也有不健康的消极的，还有虽无益亦无害的文化。多元、多彩、多变的社会文化，早已渗入到校园中，想堵也堵不住，但在班级文化的建设中，总是按照传统的思维，尽最大可能构筑起封闭的文化体系，以抵御社会文化中的消极的有害的东西渗入，使青少年能在一个相对洁净的安全的环境中茁壮成长。正是在这种美好的愿望下，传统学校不仅以一面围墙阻隔着多元化的社会思潮和观念，也通过制度文化的形式，隔绝学生同社会的诸多联系。以各地区的部分学校为例，足以表明校园文化封闭色彩明显，学校极少组织学生开展社会实践活动，由于怕出安全事故，甚至从不组织学生春游或其他外出参观活动，学校的文化设施一般不向社会公众开放，社区服务也较少开展，校园文化中的最活跃的活动文化，往往在校园内这一方寸之地做孤芳自赏，很少在社区内向社会公众做广场文化演出或科普

宣传，校园文化的这种自我封闭状态，显然不符合开放性的现代教育要求，长久的封闭只能培养出社会适应不良的温室花朵，封闭的校园文化与博大丰富多元多彩的社会文化相比尽管具有相对的高雅性，但其单薄的刻板的一面也因封闭而必然相随，师生接触的文化越是单一、褊狭、刻板、枯燥，就越缺乏抵御诱惑的能力，外部的社会环境永远不是学校所能控制和左右的，社会文化对学校的影响也不是学校所能永远抵御得了的。

十一、班级文化建设模式与管理理念亟须转变

我国是一个很讲传统的国度，但也毋庸讳言，传统文化中的与现代教育思想相抵触的有碍于现代意识确立的那部分内容也往往被我们所继承，而成为校园文化的组成部分，如古人对教师地位作用的界定，常被学校用来作为开展尊师教育的依据，“一日为师，终生为父”的师生关系，使教师拥有先天的权威，不利于民主平等和谐的新型的师生关系的建立。如传统文化推崇谦和而排斥人的自我表现，这对我们内向有余外露不足的民族性格的形成不无关系，而在自信心普遍不足、表现欲望不强的中小学生身上强调谦和品德的培养，这也是值得商榷的。当前学生管理存在的主要问题是忽视学生个性发展，把个性教育与人的全面发展理论割裂开来，是从消极防范方面理解学生工作的。

十二、忽视同辈群体文化对学生的影响

青少年时期是身心急剧发展的时期，身心机能的迅速变化使学生产生许多新的、尚不十分清楚的体验，所以，他们迫切希望从对同辈集体

和伙伴的了解中来揭开心头的疑团和困惑。于是，逐渐把注意力转到同辈同伴和集体的身上来。随着对同辈集体力量的依赖以及与同辈集体的利害关系的发展，学生遵从集体压力的倾向日益明显。学校只有积极主动地投身于社会环境，构建起开放性的校园文化体系，通过校内外的互动，使学生经受各种锻炼，增强学生对多元文化的鉴别、选择、批判、抵制能力，不断提高文化品位，才有可能使学生免受社会不良文化的侵蚀和毒害，在复杂的环境中健康成长。现阶段班级文化建设显露出来的问题显然不止这些，但仅就上述问题，足以表明班级文化建设任重道远，作为教育工作者尚需付出很大努力。

第二节　班级文化建设的策略

一、小学班级文化建设的一般性策略

（一）明确班级文化建设的意义和目标，让班级文化建设更具有针对性

优秀的班级文化不会自动生成，它需要班主任的引导和组织，需要全体成员的共同努力和维护。班主任作为班级文化建设的灵魂人物，首先必须明确班级文化建设的意义和目的，这是实施班级文化建设的先决条件。对班级文化意义的正确解读，不仅能让班主任全身心地投入到班级文化建设当中，还能让其了解到班级文化建设的开展能够切实地为

班级管理服务、为学生发展服务、为教育教学服务。而班级文化建设目标的确立是班级文化建设的起点，也是评价班级文化建设成效的依据和标准，能为班级文化建设指明发展方向。因此，要让班级文化建设更具有针对性，班主任首先要明确班级文化建设的意义和目标。

1. 班主任需要走出误区，正确解读班级文化建设

首先必须要变被动为主动，不能为了学校的评比而被动地进行班级文化建设，也不要把评比结果看成衡量个人教育教学水平的唯一标准。班主任要清楚地意识到，小学班级文化建设的服务对象是班集体中的全体成员。第一，班主任要明确小学班级文化建设的最直接的受益者是本班级的学生，小学生刚刚步入学校时，无论从生理上还是心理上都处于发展的初级阶段，其行为习惯、学习习惯的养成以及人生观价值观的形成都是从小学阶段开始起步的，良好的班级文化对于学生各方面的身心发展都有促进作用。第二，班主任要了解班级文化建设不仅能促进本班学生的身心发展，对班主任及任课教师的教育教学也有着促进作用。良好的班级文化一旦形成，班级成员将形成特有的行为准则和判断标准，这都有利于班主任对班级的管理工作。良好的班级文化也能为任课教师提供舒心、愉悦的教学环境，提高教学的成效。第三，小学生喜欢集体活动，喜欢结交朋友，在各班学生的交往过程中，还能把本班级优秀的班级文化传递给其他班级，进而上升为学年文化或校园文化。教师如果看清了班级文化建设这一举三得的作用，必然会对班级文化建设有新的认识，会变被动为主动。

其次，要建立良好、和谐的班级文化。作为小学班主任必须把握班级文化建设的内涵，对班级文化建设的实施进行有效的引导。小学生自律能力、创新能力、组织能力、合作能力等都相对薄弱，因此，在班级文化建设中教师务必要做好指导工作。带领学生从物质文化、行为文化、制度文化和精神文化四个层面有效实施班级文化建设。无论是教室环境的布置，包括设施的摆放、墙上文化的设计等；还是班级活动的安排，包括课余活动、主题队会活动、社会实践活动等；或是制度规范的制订等都要做到心中有数，有的放矢，让每一处的文化建设都发挥最大的作用。

此外，班主任要建立科学的评价标准，不要把学习成绩设定为评价学生的唯一尺度，也不要把班级文化建设的最终目标误认为仅仅是为了学习服务。在学生刚刚进入小学阶段时，他们各方面潜能还没有都展现出来，随着知识的增长、阅历的增加、心理和生理的慢慢成熟，有些学生可能在学习上显示出优势，而有些学生也有可能在文体方面、管理方面、绘画方面等表现出强烈的兴趣和优异的成绩。因此，班主任要把班级文化建设的意义界定为“一切为了每一个学生的发展”和“为了每一个学生均衡的发展和个性的发展”。在班级文化的建设过程中，班主任要善于发现每个学生的优点，让每个人都参与到班级文化建设当中，并对其任何一方面良好的表现做出肯定，给予表扬。还要在班级文化建设当中，培养学生的多种才能，包括交流、合作、团队意识的培养，良好的行为习惯的培养，以及正确的价值取向的形成。

2. 结合本班特点，班主任要设计特色鲜明的班级文化建设目标

目标是个体、群体或组织对从事的某一活动期望达到的成就或结

果。任何一个机构都为实现一定的目标而设立，任何一个人都为实现一定的目标而行动。班级文化建设的核心目的，是使学生的价值观、思维方式和行为方式同教育文化倡导的内容相一致，并且为学生创造一个良好的积极向上的学习生活氛围。

班主任在确立小学班级文化建设的目标之前，首先必须明确目标确立的原则：一是导向性原则，小学生的年龄特点决定了他们比较容易受到外界因素的影响，比如班级物质文化的建设过程当中，教师如果想创造出浓郁的书香气息来引导小学生热爱读书，就可以采用贴名言警句、建立图书角、建立借阅管理制度等方式来为学生营造一种读书氛围。二是层次性原则，在总体目标的指导下，可以按照班级物质、制度、行为和精神文化建设四个方面来设定子目标。同时还要考虑小学六年是个漫长的过程，因此要设定近期目标、中期目标和长期目标。三是发展性原则，即目标应能够反映出为学生创造良好的学习环境的要求，也能够反映促进班级每一位成员发展的要求。四是可行性原则，确定目标之前，必须对班级的环境基础、课程设置等进行全面的了解，更重要是要了解小学从低年段到高年段的学生心理特征。同时要在本校校园文化的指导下确立可行的班级文化建设目标。

其次，班级文化建设的目标必须从本班实际出发，结合本班学生的思想、学习、生活，制订出符合本班实际情况，并能体现班级价值观和班级精神风貌且具有班级特色的文化建设目标。例如针对一年级刚入学的班级，从学生的年龄特点出发可以分析出，他们的心理发展正处在稚嫩阶段，喜欢充满童趣的卡通环境，多数学生性格活泼好动、好奇心强、自律能力差，喜欢参与集体活动，学习习惯还没有养成，没有形成正确的价值观念和评价标准，他们刚刚有班级的概念，对团队意识、集体荣誉感等没有体会。根据以上对学生年龄特点和实际情况的分析，班主任就可以针对刚入学的班级把初级阶段的班级文化建设目标从四个层面分别设定为：一是物质文化建设目标。充分发挥学生的想象力和创造力，建设充满童真、童趣的班级物质环境文化。二是班级行为文化建设目标。多开展符合学生年龄特点的班级活动，在班级活动中让学生初步体会到团队意识、合作意识和集体荣誉感。三是制度文化建设目标。在规范严格的班级管理制度中，使学生养成良好的行为习惯和学习习惯。四是班级精神文化建设的目标：在班级的物质文化建设、行为文化建设和制度文化建设中，逐步形成积极向上的班风、班貌，使本班学生形成统一的行为准则、价值观念和评价标准。

班主任如果能够明确班级文化建设的意义，并能结合本班级的实际情况有针对性地分阶段制订班级文化建设的目标，就能提高班级文化建设的实效性，使其更好地为学生的学习、教师的教学和班主任的班级管理工作服务。

（二）营造温馨的班级物质环境，为学生提供舒适的发展空间

班级环境的建设属于班级文化建设中的物质文化建设层面。优雅的班级环境既可以提高学习效率和教学效率，还可以提高班级管理的成效。当前小学班级物质文化建设中存在的问题集中体现在，一是教师对教室布置的原则掌握不够深入，导致教室内部环境杂乱无章；二是布置教室的内容过于单一、缺乏个性，导致一所学校的所有班级好像都是一

个模子刻出来的，没有新意；三是对于教室内部设施的管理不够细致，导致教室的教学资源没有充分利用。针对以上问题提出的解决策略为：

1. 专心思考，掌握教室布置的原则

首先，教室的布置要符合小学生的年龄特点和心理特点。小学生活泼好动，对事物充满好奇心，所以布置教室既要考虑到趣味性，又要以不分散学生的注意力为前提进行设计。要根据从低年段到高年段学生年龄的变化，兼顾发展性和整体性的原则。例如：低年段的教室环境应充满童真和童趣，可以布置为充满童话色彩的“儿童乐园”。中年段的教室环境应把理性建设融入其中，适当添加一些学生自己创作的作品或励志的名言警句等。高年段的教室环境布置则应尽可能地体现知识化与个性化，可以分阶段以不同的主题来营造不同的文化氛围，培养学生积极正确的人生观和价值观。教室的布置还可以根据学校组织的活动、各种节日的到来等，随时更换，教室的环境保持新鲜感才能够吸引学生去欣赏、去探究。但教室的布置无论发生怎样的变化，都应充分考虑到它的整体性。切忌每个部分各成一类，没有关联。教室是一个整体，要做到整体结构的和谐和优美，做到内容的互相呼应，合理利用空间，色彩搭配自然。

其次，教室的布置应与小学阶段的教育教学目标以及学生的行为、活动特点相一致。要体现其“润物细无声”的教育功能，使学生在潜移默化的环境中受到感染。教室环境的布置要有一定的主题，比如奥运、环保、友谊等，为学生在某一时期内开展的班级活动营造一种氛围。墙上标语要对学生的人生观和价值观起到正确的导向作用。图书角的布置要干净整洁，而且要充分利用起来。宣传画的张贴要对学生有教育意义等。

第三，教室的布置要充分体现小学生的自主性与全员参与性。教室是班级全体成员生活和学习的主要场所，是学生自己的天地。因此，教室环境的布置要在班主任的指导下，让学生自主进行设计并参与布置，让学生成为班级管理的主人。把布置教室的过程转化为学生学习的过程，从小培养学生的美感与综合能力。同时还能在布置教室的过程中，培养小学生的凝聚力和集体荣誉感。

第四，布置教室还要考虑到经济性。布置教室的目的是为了给学生提供舒适、优雅的学习环境，培养学生的创造力和审美能力。由于教室内的各种装饰和设施需要经常更换，而资金有限，因此布置教室的材料可以选择可重复利用的材料。比如有些老师喜欢用彩纸做评比台，但用过一次之后就不能重复利用了，每个学期都需要更换。而选择彩喷板，虽然价格较高，但如果保护得好可以重复利用，有的彩喷板可以用五、六个学期。布置教室的材料还可以选择一些能够回收利用的废物，比如用过的水瓶可以做花瓶，既培养了学生的动手能力，又节约了开支，一举两得。

2. 精心打造，丰富教室布置的内容

（1）全员参与创设丰富有内涵的班级墙上文化

班级墙上文化是班级物质文化建设当中的重要组成部分，班级的墙面在班级空间中所占的比例比较大，所以对班级文化氛围的形成起到了至关重要的作用。班级墙上文化分为共性化设施和个性化设计两

类。

共性化设施是指大多数小学班级墙上文化所共同包含的部分。比如班级黑板的上方要有国旗、班徽、班训等，能够随时提醒学生，让他们感受到自己是班集体中的一员，是中华民族的一员，督促学生热爱祖国热爱集体。共性化设施还包括小学生守则、小学生日常行为规范、眼保健操示范图、钟表、评比台等等。教室里共性化设施的摆放是为了给学生以行为的榜样和约束。

个性化设计是指，某些班级具有的与众不同的共性化设施或者班级特有的个性化设施。比如班徽和班训的设计就应该充分体现个性化。如，有位班主任在三年级的上学期举行了一次班徽、班训征集评选大赛，利用每周三班会课的时间让学生展示自己设计的班徽和班训，最后经过投票选举的方式评选出本学期的班徽和班训。在全体同学的参与下，A老师的班级评选出了精美的班徽“一艘帆船行驶在海面上”，在班徽的上方环绕着班训“一帆风顺，勇往直前”。充分体现了学生对于未来拼搏之路的向往。作为班主任，A老师把设计好的班徽和班训用电脑制作出来，摆放在班级的墙上，并让每个学生佩戴在身上。这种做法，让学生形成了一种自豪感，同时也让班级的思想根植于每个成员的心田。个性化的设计还可以根据班级特色来设置，例如某校作为全国数学双语实验基地，共有22个数学双语教学班，某位班主任所带班级作为其中的一个实验班就存在着数学双语教学特有的班级墙上文化即“数学双语角”。把它作为班级墙上文化的一部分，不仅可以丰富学生的数学双语文化知识，还有助于数学双语的教学工作，同时可以积累词汇，让学生在不经意中记住这些复杂的数学英语单词。

（2）精心打造建设实用的班级角落文化

班主任在进行班级文化建设时，往往更注重班级墙上文化的建设而忽略了班级角落文化的创设。教室的四角是班级活动的一部分，也有着不容忽视的作用。班主任可以根据年段的高低和学生的心理发展特征来发动、组织学生，自己动手打造实用、美观的班级角落文化，为班级的日常生活服务。比如，“图书角、卫生角、英语角、新闻角、生物角”等。

合理利用“图书角”，可以丰富学生的课外阅读量，丰富学生的知识素养，美化学生的心灵，起到育人的作用。比如，我们班级非常重视图书角的建立，每个学期开学初都要对图书角进行彻底的检查和整理。让学生带来家中自己喜爱的、有价值的书籍，放在班级的图书角供全班同学互相借阅。“卫生角”的建立要充分利用班级空间，对班级的公共财物进行摆放和管理。比如各种清洁用具的摆放要有序，医药箱要干净、整洁。当用到哪种用具时能够及时找到。“生物角”则可以成为一种独特的教育教学资源，它的设置可以美化班级环境、净化教室空气、陶冶学生情操，同时又能让学生了解植物、动物的生长过程，培养学生的观察力和热爱大自然的美好情感。比如，在班级中让学生以小组为单位养殖盆栽、小鱼等。学生在养殖的过程中，充分展现了他们的好奇心、细心、爱心以及团队意识，这种无形的文化氛围陶冶了学生的情操。

3. 细心呵护，规范教室环境的管理

班级的物质文化建设多样而繁杂，在班级环境的建设过程当中，不仅要考虑到文化氛围的创设，更要考虑到物质环境的管理。只有细心呵

护共同创造出的优美的物质环境，规范物质环境的管理体制，才能进行有序的物质文化建设，才能够创造出和谐、优美的班级物质环境。

小学生对于班级设施管理这种新奇的工作非常感兴趣，因此可以针对班级的墙上文化、班级的四角文化等，设定专门的管理人员。这里以班级的图书角管理为例，来说明班级物质文化管理的规范性。我们班的“图书角”设立在班级后面的书架上，每个学期选一名图书管理员，开学初在换了新书后要对书目进行分类整理，包括该书的内容范围、捐赠人等都要注明。在图书角的使用期间，图书管理员更要发挥作用，及时登记借阅书籍的题目、借书者、借书日期和归还日期等。图书管理员还要定期地统计书籍的受欢迎程度，以便及时更新和调整。在学期末要对图书的捐赠情况进行总结和奖励，同时对阅读书籍多的学生进行表扬。还要定期根据“图书角”上的书籍，举办知识竞赛，鼓励学生多读书、读好书。当然图书管理制度不是凭借图书管理员一个人完成的，而是要靠全体成员共同遵守和执行。长期以来，我们班级就形成了良好的读书风气，这对学生文化素养的提高有很大的帮助。类似于图书管理员，我们班级还设立了卫生管理员、生物管理员等。这些都为班级物质文化建设的顺利开展提供了有利的保障。

班级是小学生进行学习生活的主要场所，班主任若能结合小学生的年龄特点，掌握各学段教室布置的原则，充分发挥小学生的积极性和创造力，创建温馨、和谐、丰富、个性的物质文化资源，并建立规范的物质资源管理制度，那么在长期的物质资源构建和管理中就会逐步形成具有本班级特色的物质文化，为学生的学习生活和教师的教育教学工作，提供舒适的空间，同时班级物质文化的形成也将为班级行为文化、制度文化和精神文化的形成奠定基础。

（三）创设多元化的班级活动，为学生提供广阔的学习空间

班级活动的开展属于班级文化建设中的行为文化建设层面。班主任要建设富有文化内涵的班集体，必须重视班级活动的创设与开展，以活动促发展，在活动中培养学生的能力，挖掘学生的潜力。在长期的班级活动中，使学生逐步养成集体荣誉感、团队意识、合作精神，将一些活动规则、活动方式、活动评价标准等内化到学生的心里，进而形成特有的班级行为文化。针对当前小学班级活动创设存在的形式化问题，不妨进行以下几个方面的尝试。

1. 创设有情趣的晨会活动

小学阶段的课间活动可分为晨会、课间、午休等部分。在大多数学校中，课间活动就是学生自己在操场上做游戏的时间，如果遇到下雨或下雪，则留在教室里学习。其实不可小看课间的十几分钟，我们做了一下粗略的计算，一所小学一天的课间活动时间至少为150分钟，那么一个星期就是750分钟；按一节课40分钟计算，就是18节课。这可是一个不小的数字。如果每天都能够合理地安排和利用课间活动的时间，不仅能让学生更好地休息、放松，还能够丰富学生的日常学习生活，提高学习效率。比如小学阶段，晨会课一般是20—30分钟。班主任可以根据教育教学目标和学生发展的需要，恰当地选择新鲜活泼的内容，有目的、有计划、有针对性地开展妙趣横生的晨会活动。如，某位班主任在工作期间，极其重视学生的晨会课，经常组织形式多样的晨会活动，并且在四年级时创

设了“新闻袋袋裤”晨会活动。我们已经步入了信息时代，小学生虽然年龄小，但也绝不能“两耳不闻窗外事”。每天学生回到家中都会从电视、报纸、网络等渠道获取多方面的信息，因此可以借助晨会课的平台，以学生喜欢的“新闻袋袋裤”的形式来向全班同学介绍最近的重大新闻，还可以进行讨论和交流。在汶川地震那段时期，我经常让学生回到家中关注新闻，并利用晨会课的时间让学生谈感想并讨论交流。学生从中得到了很多启示，懂得生命的宝贵，友情、亲情的重要，也激发了他们的爱心。在捐款活动中，我并没有做任何思想工作，学生都能够积极主动地把自己积攒下来的零花钱捐献出来，这都是晨会课的教育作用。

再比如，某位班主任设计了题目为“历史上的今天”的晨会课，让学生查阅资料，讲述在历史上的这一天都发生了哪些或是耐人寻味或是惊天动地或是令人深思的重要事件，而且要挖掘其中的教育价值。让学生从中学习英雄人物的精神，感受到历史带给我们的震撼与感动。比如3月5日，毛主席题词“向雷锋同志学习”；徐海峰在1984年第23届奥运会上获男子50米手枪60发慢射冠军，为中国代表团赢得了第一枚奥运金牌等。

丰富多彩的晨会活动，不仅能让学生增长知识、开阔眼界，在日积月累中我们班还逐步形成了一种特有的文化氛围，即学生体会到一点一滴的知识积累终究会形成知识的海洋，晨会活动的开展提升了学生的阅读兴趣与文化素养。

2. 创设有特色的主题班队会活动

主题班队会是在班主任的指导下，以班为单位、以学生为主体、围绕特定的主题对学生进行教育的一种重要活动，同时也是培养学生能力、增强学生团结协作意识的重要阵地。

班主任要选择有教育意义的主题开展班队会活动，每个月可以精心设计一两个主题班队会，让每一次活动有价值、有意义。例如下面这个主题班队会活动是我所任教的班级在三年级下学期组织的一次以“友谊”为主题的班队会活动。

【案例】

“友谊永存”主题中队会——活动片段

片段一：诗朗诵《真正的友谊》

友谊，像一盏明灯照亮了我的灵魂。友谊，驱散了我心中的孤独和悲伤。啊，真正的友谊，给人以无穷的温暖和力量，友谊需要忠诚去播种，友谊需要热情去浇灌，友谊需要谅解去护理，互相关心，不断勉励！让我们携手并进，建立起真正的友谊！

片段二：小快板《心字令》

各位同学静静心，听我向你说说心。要说心咱们全说心，实打实地交交心。承诺守信有诚心，助人为乐要热心。做好事情有恒心，求知若渴要虚心。上课听讲要专心，做好功课要细心。遇到困难不灰心，拾金不昧凭良心。见义勇为正直心，立志成才是雄心。对待生活要开心，扶贫济弱献爱心。实现小康有信心，我们大家手拉手向前进——永远心连心！

片段三：短剧

其实我们在与朋友的交往过程中，难免会有一些摩擦，这时候该怎么办呢？请看以下几个短剧：《踩脚》、《借笔》、《发书》。这几个短剧通过

日常生活中的片断，发现同学之间存在的小矛盾，通过矛盾的解决让学生感悟到同学们生活在一个大家庭里，彼此之间应该互相帮助、互相关心，共同进步。在交往过程中，只要我们能多为别人想一想，多站在别人的角度上去看问题，其实很多问题和矛盾很容易解决，而且还能增进双方友谊呢！

片段四：名言警句

同学们，人的一生有许多感情是很宝贵的，其中之一就是“友情”。著名科学家培根说过：“友谊能使快乐倍增，能使痛苦减半。”李白也告诉过我们：桃花潭水尽管有千尺深，也不及朋友的情谊深。

片段五：配乐诗朗诵

《伸出友谊之手——南方雪灾后的救灾活动》。

【案例反思】

此次活动的构思源于南方雪灾。让学生从生活中的小事上，感受到友情的重要，进而深刻理解到社会中也需要友情，“一方有难，八方支援”。在活动中学生自己创作诗歌、快板、文艺节目，培养了学生的创造力、组织能力和团队意识。让他们认识到了班级是一个家庭、学校是一个家庭、社会也同样是一个大家庭，在社会这个大家庭中，当有成员遇到了困难，我们有必要伸出援助之手，尽全力帮助他们。

长期进行有教育意义的主题班队会活动，能够促使班级形成特有的文化活动氛围，在班会活动中能够规范学生的言行，培养学生的责任感和道德意识，更重要的是能够启迪、震撼学生的心灵，培养他们高尚的情操，为良好的班级精神文化，如班风、学风的形成奠定基础。

3. 创设有价值的社会实践活动

班级社会实践活动是德育工作的重要途径，是班级学生在班主任的指导下，走出教室、走进社会、直接参与到社会活动中的一种班级团体活动。小学班级实践活动的开展可从以下几个方面入手，如社区服务、角色体验、参观访问、走进自然等，在实际活动中，这几方面都是相互融合的。以下是某一社区服务社会实践活动的例子。

【案例】

爱心小队在行动

活动访问：

本活动为一次社区调查活动："调查某小区部分老人家庭情况"。在调查过程中学生发现有些老人无人照料、生活艰苦、疾病缠身等。于是学生自发组织了"爱心小队"，去献爱心、送温暖。

活动目标：

(1) 肯定学生的爱心，支持学生的行动。

(2) 引导学生从细节入手，学会关爱他人。

(3) 通过社区管理部门，了解社区中有多少老人家庭需要帮助。

(4) 在班级中组建多个爱心小队。

(5) 培养学生制订活动计划的能力。

活动计划：

(1) 给老人们捐助一些生活用品及水果(全班参与)。

(2) 针对具体问题，制订有针对性的活动计划。如每星期到老人家打扫卫生一次，并帮助老人做一些力所能及的家务事。

(3) 跟老人聊天、谈心，讲讲身边的趣事。

活动实施:

(1) 活动时间：每周三中午12:00—12:30。

(2) 活动组织：由各队队长具体负责各周活动及人员安排工作。

(3) 活动指导：进行导师制管理，由活动组织者定期向指导教师汇报活动情况，指导教师针对活动中遇到的问题进行有针对性的指导，重点在于鼓励学生将活动坚持下去，引导学生从细节入手，学会关心他人。

(4) 学生活动：学生按计划进行活动。

(5) 活动交流：在学期结束前，交流与总结各小队在活动中的体验。

(6) 活动评价：本活动的评价可由学生自评、小组互评、被帮助对象评价、教师评价、家长评价、社区评价等构成。

【案例反思】

以上活动增强了学生的策划能力和实践能力，让学生通过亲身体验，走进社会，走进孤寡老人的心里，培养了学生关注社会、关爱他人的情感。班主任要重视类似活动的创设，比如让学生与交警、清扫员、售货员等互换角色，来体会工作的辛苦；让学生走进自然，进行环保活动，培养学生热爱自然、保护环境的情感等。丰富多彩的社会实践活动，能够使学生从中获取社会经验、培养实践能力、增强社会责任感、培养爱心、增长才干等。长期开展班级社会实践活动，会使学生形成一种社会行为文化，同时也有助于班级精神文化的发展即良好的班风的养成。课间活动、主题队会活动和社会实践活动是小学班级活动开展的主要途径，这些活动为学生提供了广阔的学习空间。班主任若能善于把握班级活动的创设，经常在活动中对学生渗透积极、乐观、团结、坚韧的做事态度和规范、严谨的活动规则，学生将会在长期的班级活动中，逐步养成良好行为习惯，进而形成具有本班级特色的行为文化。

（四）构建民主开放的班级制度，为学生提供有序的生活空间

制度指的是社会的全体成员都赞同的社会行为中某种带有规则性的东西，这种规则性具体表现在各种特定的、重复的情形中，并且能够自行实行或借助某种外在的权威来实行。

班级制度文化是指班级全体成员在较长期的班级实践活动中所形成的，被全体成员所共同认可的规范和准则。班级制度文化的建设要充分考虑民主性，只有民主性的管理机制，才能调动班级全体成员参与班级管理活动的积极性，使班级每个成员都能够承担各自的职责，发挥个体和主体的作用。具体可从以下几个方面着手：

1. 建立合理的班级干部管理制度

小学的班干部工作是学生接触管理工作的开始，教师要善于利用好班干部的指挥作用和协调作用，培养学生的领导才能。优秀的班级领导团队能够协助班主任进行班级管理工作，为班级日常活动的开展提供有利的保障，同时也是形成积极向上的班级精神文化的支撑。小学生对班干部的选拔具有很强的积极性，教师可以多设定一些岗位来满足学生的领导愿望，锻炼他们的领导能力。

首先，要确立班干部的结构与分工。班主任可以根据工作的需要，以提高班级工作和学习效率为前提，结合本班的特点具体拟定班干部的岗位。在我多年的工作当中，我所设立的小学班干部岗位主要有：班长（正、副各一个），作为班级管理的高层人物，对整个班级建设起到统筹

和带头作用，也是链接班主任和班级学生的纽带，班长能够及时向老师反映学生的意见并向学生传达老师的任务；学习委员，主要负责班级学生的学习情况，比如作业的完成情况，学生的落课情况，考试成绩等，学习委员都要记录在案，并负责协助老师进行补课工作；生活委员，主要负责班级的日常生活工作，安排值日生，了解班级学生的健康状况，及时征集学生对班级日常生活的意见和建议，并向班主任老师汇报等；宣传委员，主要负责班级的墙上文化工作，例如板报的评选工作、对墙上文化的修复工作、对同学意见的汇报工作，并及时提醒班主任老师对墙上文化进行修改等；文艺委员，主要负责班级的文艺活动，组织同学进行各种文艺训练，并向班主任提出各种文艺表演计划等；体育委员，负责班级的体育活动，组织学生做好体育锻炼，上好两操，在运动会前夕能够组织班级学生进行赛前训练；各组组长，负责日常的收作业、发作业工作，小组成员如果对班级建设有意见或建议也可以向小组长反映，小组长再反映给班长或班主任老师。除此之外，在我的班级管理中还根据本班的具体情况设置了课代表、图书管理员、生物养殖员等职位。

其次，要实施班干部的选拔制度。班干部的选拔是班干部管理制度民主化的集中体现，也是建立班干部威信的渠道。因此，班主任应该把班干部的选举权交给学生。可以利用班会时间进行班干部选拔工作，在拟定班干部的职位后要求竞选学生写出竞选稿，以不记名投票的方式集中进行选举。这样的选拔制度，能够给每一位班级成员提供锻炼的机会，有些成绩较落后的学生，可能在领导方面有特殊的才能，如果能够竞选成功，将对促进他的学习有重大的帮助。班主任在竞选过程中，要本着公平、公正、公开的原则，且不可偏袒学习好的学生，否则会导致其他学生失去积极性。在选举结束后，班主任还要把班级干部名单张贴在班级墙上，还要对新一轮的班干部进行培训和辅导，让他们能够充分了解工作岗位的任务与分工，积极配合老师管理好班级。

此外，班干部要实行轮换制。在班级建设过程中，不能实行一成不变的班级管理层结构，要定期重新选举。班干部的轮换制也有利于班级管理的民主化。班主任要让学生从小就意识到当班级干部是一种服务，每一位班级成员都有义务为大家提供服务；当班级干部也是一种锻炼，每位成员都有在集体中使自己得到锻炼的权利。但班干部的轮换也不宜过于频繁，如果更换过于频繁，会造成班级管理制度混乱的局面。轮换周期以一个学期为宜，个别岗位根据班级需要也可进行临时更换。

总之，班干部管理制度，不是静态的、不变的，而是动态的发展过程。教师要重视班级干部的选拔与培养，形成有个人特色的、成熟班级干部选拔文化，并可继续运用在所管理的其他班级中，不断发展和创新。

2. 建立公平的奖惩制度

奖励与惩罚是指用语言或其他方式对学生的行为做肯定或否定的评价，它可以控制班级组织成员的行为，促进良好行为的形成，也可激发良好动机，促进学生发展。小学生比较重视奖励与惩罚，在他们心目中教师的奖励与惩罚就是判断是非的唯一标准。因此奖励和惩罚是小学教育教学活动和班级管理中常用的评价方法。

首先，教师在实施奖励时要做到公平合理、实事求是、不随意。奖

励也要体现民主化，不可凭借老师的一念之词，只有当教师与学生对某种行为得到一致赞同时，教师才能对其进行奖励。教师还要考虑到奖励的长远影响，可以把表现突出的被奖励同学设立为榜样，并对其提出更高的要求。在小学教育中，学生所关注的大多是是否被奖励而不是奖项的级别，因此作为小学教师可在教育实践中多设置奖项，从不同角度激发学生的学习热情和积极性。在我的教育实践中经常设置的奖项有：进步奖，教师要鼓励学生勇于挑战自我、超越自我，当进步到一定程度时教师要予以奖励；互助奖，学生在学习和生活中，如果同学遇到困难能够主动帮助或主动为班级服务，就可以颁发互助奖；卫生奖，对班级成员中个人卫生，如座位周围的卫生、书桌内的卫生、书本的整洁程度以及自身卫生等都干净整洁的同学可颁发卫生奖；书写奖，在班级日常教学中，如果课堂笔记、作业经常书写工整、干净的同学要授予书写奖；全勤奖，在班级的各项集体活动中，都能够踊跃参与，并在一个学期没有请假的同学，为了鼓励这种积极的态度教师可以颁发全勤奖。班主任设置的奖项要有针对性，多而不杂，让每一个奖项都能充分发挥作用，建立符合本班特色、个性化的奖励制度。

其次，相对于奖励班级要建立一定的惩罚制度。惩罚是对学生不正确的行为的否定，一般分为口头批评和处罚。对于小学生而言，惩罚是一种成效显著的改变其错误行为的做法。惩罚是一种艺术，班主任在实施惩罚制度时要本着适度、公正、委婉的原则。小学生由于年龄特点导致其活泼好动，容易出现缺点和错误，教师要对学生的错误科学地分析，要有针对性地惩罚，不能由于一个错误而全盘否定某一学生。惩罚还要尊重学生的人格，不损害学生的自尊心，教师要尽量避免当众严厉训斥学生，要讲究语言艺术，以道理来说服学生，对于情节较严重的，教师要及时与家长取得联系，达成共识，避免对学生造成心理伤害。惩罚还要公平合理，在班级里要用统一的标准去评价学生的行为，但也要注重学生的个体差异。班级内部成员的行为按照一定的规章制度通过反复的约束和调整之后，会成为一种习惯。比如，小学班级中的班干部管理制度和奖惩制度，当这些制度被大多数成员所认可时，他们就会按特定的标准长期履行这种制度，进而形成一种习惯，这种习惯便会升华为班级制度文化，为学生提供有序的生活空间。

（五）重视班级精神文化的建设，为学生提供正确的价值取向

班级精神文化作为班级文化深层次的表现形式和核心内容，是班级成员在长期的教育实践过程中，受一定的学校文化、家庭文化、社会文化等因素的影响而形成的为班级全体成员所共同认可和遵循的精神成果与文化观念。它主要包括班风、学风、人际关系、集体舆论、价值观念、理想追求等。它是一个班级的灵魂与本质体现，充分展示了一个班级的精神风貌。具体来看，班级精神文化主要包括班级价值观、班级精神和班级形象这三方面的内容。针对当前小学班级精神文化建设导向性不强的问题，笔者从以下三个方面来举例说明如何建设具有较强的引导作用的小学班级精神文化。

1. 树立正确的班级价值观

班级价值观是指班级全体成员在教育实践过程中所推崇的基本信念和奉行的目标，是班级全体或大部分成员所一致赞同的关于班级意

义的终极判断。班主任如果在日常教学中能够经常按照班级的价值观启发和引导学生，就容易使自己的决策被学生所接受认可，并能够使学生自觉按照班级的整体目标规范自己的言行。对于小学生来说，小学阶段是他们形成价值观的萌芽时期，教师必须合理引导，使其形成正确的价值观。学生如果能够经常以班级的价值观反省自己的行为，就能够形成教育合力，从而提高班级的教育教学质量。班级价值观的形成，不能简单地照搬学校价值观或其他班集体的价值观，而应从班级自身的教育实践和班级成员的生活实践中提炼出来，与本班级特点相联系。在笔者教学的班级中具有较强的导向作用的班级价值观的培育是从以下几个方面展开的：

首先，班级全体成员，包括班主任、任课教师和学生应共同参与班级价值观的构建过程。比如在汶川地震中，对于那些不计代价的救援志愿者们，对于奋不顾身救学生和孩子的教师及家长们，学生内心都有自己的体会和看法。为了让学生从这些事情的感悟中形成一种正确的价值取向，我与其他任课教师沟通，在教育教学中利用课上和课下的时间与学生共同讨论，对学生进行深刻的思想道德教育。班主任作为班级管理的核心人物，应集思广益，充分调动班级全体成员共同参与和讨论班级价值观的制订与实施过程。这样不仅能够较好地协调班级整体价值观与小群体价值观和个体价值观，使之趋于和谐，也能够提升班级成员的认同感。

其次，发挥榜样效应，树立激进人心且简单易懂的班级价值观。尤其对于小学生而言，从其年龄特点出发，生硬、深奥的道理他们很难理解，所以应该通过塑造榜样的方法，形象地树立简单易懂而又能激励人心的价值观。比如，我们班级有的同学主动为低年级同学抬饭桶；还有的同学在捐款活动中积极表现，拿出了自己的全部压岁钱。对于这种助人为乐的行为，作为班主任，我就把他们树立为“爱心大使”极力表扬，让其他同学学习这种当别人遇到困难，要伸出援助之手的做法，培养他们从小树立爱心和责任感。此外，在对待拾金不昧的问题上，如果班级中有学生捡到钱主动交给老师，可以把他树立为“拾金不昧小标兵”。在班级中有些学生成绩落后，而有的同学主动为其补课，也可以把这样的学生树立为“课外小老师”。在这样通俗易懂的榜样效应的带领下，学生一定能够树立正确的价值观。

2. 培育积极向上的班级精神

班级精神是班级在长期的教育实践活动中形成的与班级个性相结合的一种班级主导意识。每个班级都有独具特色的班级精神，它通常借助简洁而又富有哲理的语言形式来概括，并借助班徽、班训、班歌等形式形象地表达。班级精神的形成一般会经历一个较为漫长的过程，然而一旦形成并作为班级内部全体成员共同表现出来的具有班级特色的行为方式和作风，便具有了相对的稳定性，使班级内部全体成员在影响和熏陶下形成强大的凝聚力。

首先，班级精神一旦确定后，就应该用个性化的语言简洁、明确地加以概括。北京师范大学的校训为“学为人师，行为世范”，北京灯市口小学的校训为：“堂堂正正做人，踏踏实实做事”，某小学班级的班训为“文明高雅，乐学善思”等，这些都可以为我们所借鉴和参考。其次，班

级精神是班级文化的核心，应该充分体现班级的个性。因此，班主任在进行班级精神文化的建设过程当中，同样要集思广益，结合本班级的特点，创造出个性化的班级精神，比如我们班级通过在学生中征集得到的班训为“一帆风顺，勇往直前”。其中蕴含着学生对未来的向往和坚定不移、不怕困难的信念。三是班级精神的树立应该对全体成员有强大的导向和激励作用。比如某些班级的“志存高远”、“恒者能胜”等，可以借助这样的词汇表达出班级精神，给学生以人生的启迪。

此外，班级标志是班级精神的外在表现，因此树立班级精神首先要精心设计班级标志。班级标志包括班服、班徽、班训、班歌、班报等，它们的创作与使用蕴含了班级成员的精神风貌，体现了班级精神的文化内涵，如我们班级设计的帆船图案的班徽。班级精神的培育要避免表象化，切不可“嘴上说说，纸上写写，墙上贴贴”仅此而已，班级精神要内化到学生的心里，真正地起到导向作用。班主任应该组织学生通过经常唱班歌，佩戴班徽，围绕班级精神开展文化、艺术、体育等活动，使班级精神深刻地烙印于师生心中，内化为他们的思想和行为方式。

3. 塑造团结进取的班级形象

形象就是人们通过视觉、听觉、触觉、味觉等各种感觉器官在大脑中形成的关于某种事物的整体印象。班级形象是指班级整体在长期的实践活动中在学校、教师、其他班级、家长等心目中形成的整体印象。一个班级要想得到学校、家长和社会的认可，就必须在他们面前展示自己的班级形象，以使他人了解你、认可你，进而接受你。班级形象是班级整体素质与文明程度的总和表现，也是班级文化最直接的外在体现方式。

对于小学生而言，树立良好的班级形象，有助于学生形成集体自豪感，进而产生愿意融入集体的意愿和主动参与集体活动的热情，学生能够积极投入到班集体的建设当中。

从班级自身出发，班级形象的构成可概括为班风和班貌。班风即班级的风气，是指班级全体成员在实践过程中所表现出来的一种稳定的、具有道德意义的、且被班级全体成员乃至学校及其他教师共同认可的行为倾向，与班级行为文化的建设和班级价值观的确立有共通之处。班貌是一个班级的外显特征和风格，属于班级形象的硬件部分。主要包括班级环境的建设、班级标志的建设、班级成员的面貌、班级成员的行为方式、班级内部的日常规范等。与班级的物质文化建设、行为文化建设和制度文化建设有所交集。

要树立积极向上、让学生引以为傲的班级形象，首先要重视班级形象的设计。可以通过班级文化建设的理念与班级特色结合起来，培养班级共同的价值观，形成特有的班级精神文化。还可以通过建设特有的班级制度和行为文化，不断完善班级的管理机制，创设公开的、多元化的班级活动，来向外界展示班级理念，博得学校、家长、社会的认同。另外，还可以通过班级环境、标志等形象的设计突出本班级特色，体现班级的思想理念，形成特有的班级物质文化。比如，在班级行为文化的建设当中，可以通过多元化的活动的开展来树立积极的班级形象。在我们班级的“家长开放课”活动中，邀请家长和社会人士走进课堂听课，可以向家长和社会展示本班教师的教学风采和学生的学习面貌；“数学双语知识竞赛”活动，邀请其他班级的学生、教师和学校领导来参观，可以

展示本班级的数学双语特色等。其次，加强班级形象的渗透。班主任和学生是班级形象的代言人，因此，要重视师生的形象塑造和行为引导，对班主任要求爱岗、敬业、专业，班级学生要团结乐学、遵守道德等，从而在学校中树立起良好的班级形象。在参加学校活动和社会实践活动中，班级成员更要表现出积极、团结的精神风貌，展示其良好的集体荣誉感。比如，在每周的流动红旗的评比中，班级学生要以积极的态度来对待，在纪律、卫生等方面做到最好，班主任教师在教育教学方面也要有积极表现，争取每周都能够被评为红旗班。此外，还要注重教师和家长之间的沟通。班级形象的塑造离不开家长的支持与帮助。应该把班级家长的形象也列入到班级形象中，比如需要家长参与的各项活动中，家长的表现状况也直接影响到本班的形象。我们学校经常会组织家长听一些有关家庭教育的讲座，来指导家长如何进行家庭教育，教师要善于和家长沟通，让家长乐于参与这样的活动，形成积极的家长学习氛围，达到以家庭教育促学校教育的效果。还有对学生的思想教育也离不开家长的配合和帮助，因此可以借助家访、电话、网络等方式，与学生家长保持联系。班级精神文化的建设，不是单一的孤立的文化建设，而是孕育在班级物质文化建设、行为文化建设和制度文化建设当中的一种核心力量。班级精神文化一旦形成，会使班集体形成独特的班级形象、行为方式和较为统一的价值取向，影响班级其他的文化建设的方向。

二、小学班级文化分段建设的具体策略。[1]

考虑到学生的具体特点，从发挥学生才能、弥补其不足的角度，可以设置多样的岗位，促使学生在岗位中不断改变自我。班主任需要关注每一具体岗位对学生成长的价值。当学生在岗位工作中出现问题时，班主任需要及时地帮助他；当学生出现懈怠时，班主任和其他同学需要鼓励他、支持他；当岗位工作取得成效时，需要给予及时的反馈，并且将这一教育资源有选择性地推广到所有的岗位工作中。这样通过岗位设置与轮岗工作，学生的自我意识、工作能力等各方面都可能获得发展。丰富的岗位设置、岗位教育价值的开发，使学生获得了更多成长的资源。

（一）小学低段班级文化建设

在从事小学一线教育的工作中，常常听到有些班主任在交流经验时深有感触地说低年级就要主抓学生的行为习惯。这个行为习惯实际上就是班级制度文化的折射。而这一时期的班级制度文化，无论是规章制度还是组织制度，都要适合儿童，充满童趣的色彩，远离假、大、空的形式主义；在人与事情的关系上，形成负责的文化精神。在一个群体中，每个人都对他人、集体和自我承担责任，每个人都需要以负责的态度对待班级事务和个体事务。只有负责，只有努力实现自己在班级、群体中的义务，这个班级才是坚实的。

以班级规章制度为例。岗位对于学生发展具有养成性价值，特别是在小学阶段，岗位在养成个体的责任感、服务意识、合作意识、管理能力

[1] 参见戴磊：《基于小学各学段特征的班级文化建设研究》，苏州大学硕士论文，2011年。

等方面十分重要。尤其是当前的学生大多是独生子女，缺乏服务、责任意识，因为家庭教育中他们多为中心，较少以平等个体的身份进入更丰富的班级、学校乃至社会生活中。而且，每个个体在班级生活中所从事的岗位，在长时间内呈现出其发展的谱系，岗位种类的丰富程度、岗位挑战性的变化曲线，往往折射出这个学生成长变化的轨迹。

有研究者梳理了五种班级岗位。a学习类：包括各学科课代表、学习小组长、领读员等。b知识类：气象记录员、导读小先生、信息发布员、小报童等。c活动类：主持人、活动策划、联络员等。d服务类：黑板报编辑、图书管理员、桌椅小排长、门窗管理员（小卫士）等。e行为规范类：护眼使者、节能小哨兵、护绿小天使、午餐管理员等。

在具体的岗位建设实践中，我们需要强调岗位设置的教育性，提倡因需设岗：只要有利于促进学生发展，就可以设置岗位；岗位是培养责任意识、促进学生成长的一种具体方式。这一原则迥异于社会生活中的按岗选人的原则。从班级生活的需要出发，“课堂规则”当然是我们熟悉的，但他们还有明文规定的课间休息的规则。

相比课堂规则的正规陈述，课间活动的规则却是向孩子们提出的3个问题：想一想：

（1）是不是每一个人都玩得开心？

（2）是不是每一个人都有的玩？

（3）问题是否和平地解决了呢？

对于低年级孩子来说，当只有一个皮球、一个秋千的空位的时候，冲突从生气到哇哇大哭，甚至到手脚来帮忙，往往在操场上发生，最有效的规则并不是来自外部大人世界的强加，而是来自孩子自己的经历，感受和回想。孩子从一开始都是以自我为中心的，怎样让他理解和考虑到他人的感受，和他的经历和认识水平有关系。所以，有时候，抛出一个问题比给出现成的结论好。

无论课堂规则还是课间休息规则，寥寥数条，充满着小学低段儿童的口吻，既方便他们熟记，又容易遵守，比起我们十几二十条或这个不准那个不准命令式的语气明智得多。

又如关于“欺负”的一系列行为指导。

A警告。我记得小时候，向老师打小报告的主要开头形式就是：“老师，某某某欺负我。”“Bully”，欺负，是小学里的一个重要话题。所以，老师的教室里醒目地提示大家：我们的教室，不准发生欺负的行为！

当然，有这个警告的标示肯定是不够的。

B防止。这份就是防止在教室里发生欺负行为的规则：

（1）我们不能欺负其他学生。

（2）我们要帮助被欺负的学生，可以报告，或找大人帮忙。

（3）我们要格外努力地让所有的学生都能够参加到活动中来。

前两条很好理解。第三条，也许我们会想起自己小时候最善于干的一件事情——拉帮结派。不管是男孩子，还是女孩子，都喜欢成立自己的一个小团伙，并常常有诸如“我们不要让王小毛跟我们一起玩”这样的约定，从这个意义上，当王小毛委屈地站在一旁看大家玩的时候，他也算是被“欺负”了。这条规则中，并没有说：“不准成立小团伙”，而是告诉孩子们我们要“格外努力”地让“所有”学生都一起玩。大家可以看

到 “all studnets” 被加了着重，团结友爱的意识在这里得到了很好的渗透。

C. 反应。低年级的孩子，当你告诉他不准干什么的时候，最好能够同时告诉他，代替的，他可以干什么，可以怎么干。下面这张纸就更加详细地贴出了被欺负后的反应总结。之所以贴出这个，是为了帮助孩子们更好地观察和认识到身边的同学是否被欺负了。

有些孩子性格比较懦弱，被欺负后蔫蔫的，伤心的，不敢违抗欺负者的要求，属于第一种 “Cold”。而有些孩子性格暴躁的，被欺负后就要捋起袖子反击了，咱们有些父母教导的 “他打你，你要打回来” 就在这里表现出来。属于第二种 “Hot”。在第三种 “Cool” 冷静型中，有几点 “Coolthoughts” 非常值得思考。

（二）小学中段班级文化建设

在这一学段，我们会发现人际关系上升为一个主要的议题。在人际关系上，班级建设中需要提倡并形成相互理解、欣赏与宽容的文化精神。在一个班级中，学生与学生之间、教师与学生之间，需要建立相互理解的关系，相互尊重对方的权利、尊严，相互理解对方的行为，更多以欣赏、宽容的态度对待他人。这样，班级中就充满着良好的心理氛围，有利于每个学生的努力、探索、尝试与发展。

1. 师生关系：让民主走出专制、放任的阴影

应该建立什么样的师生关系？其实我们心里都很清楚离不开民主、平等、对话、理解诸如此类的，但真正做起来似乎很难。中国传统的人伦观念使我们不可能都做到像美国那种朋友式的师生关系，可我们又很

想改善目前这种师生关系，这种处境将笔者的视野投向了受东西方文化双重影响的新加坡。

儒家文化许多精髓对新加坡师生关系的影响十分显著。

（1）学为人师和以身作则的儒家师道观。知识渊博固然重要，身正为范在师生关系中更为首要。凡是要求学生做到的，教师首先要做到；凡是要求学生不做的，教师首先自己不做。新加坡教育部网站有这样一段文字："我感到非常满意，因为我能够培养学生并且看到他们的成长……以身作则对老师和学生的学习产生了积极的影响……使学生对文学的学习变得轻松愉快而有意义。"在进行双语教学时，在促进学生学好英语方面，老师用行为榜样般的英语与学生和其他人进行交流。

（2）因材施教和启发引导的儒家教学观。在日常教学中，老师不会布置堆积如山的作业，学生有一定的自主权，以此来激发学生的学习热情而不是浇灭它。这种弹性教学的方法能使老师意识到并关注学生个人之间的智力差异，了解学生与学生之间的差别。新加坡政府在小学中段四年级的时候会实行教育分流，教育分流制度和与之相关的教育方针，使他们非常注重分层教学，通常会有针对不用语言水平的分班。对于需要帮助的学生，老师会根据每个人、每个年级的不同特点进行有针对性的辅导，对期待成功的孩子给予最充分的指导与关注。注重差异性和灵活性的学校教育，给新加坡不断提高的综合竞争力提供了最好的诠释，也在很大程度上与儒家传统中因材施教的教育思想不谋而合。

实际教学中，教师还注重启发引导，通常告诉学生：做题要讲究理解，一个类型的题目，只要做几道，能深入理解了就好。老师不会强迫

学生，基本上也不会对试卷进行强制评析，除非学生被牵绊的时候，他们才会伸出援助之手。课堂教学中，很少看到老师滔滔不绝、满堂灌地讲授，他们充分关注学生的感受和需要。课堂学习产生的相关问题，老师会向学生推荐相关的资料，供有兴趣的同学自己查阅。

因材施教和启发引导使得师生之间的关系在分层中被舒展缓解了，教师不会对学生提出同一个要求，学生也不会面对来自更高一层的学习压力，这对处在小学中段学业开始出现转折的学生来说是得到欣赏与宽容的表现。

（3）民主平等与互信互爱的儒家仁爱观。一位曾经访问过新加坡的学者对他们和谐、民主、平等的师生关系有着非常深刻的体会，他描述道，不管哪所学校，给他的感觉首先就是静，没有老师的大声斥责，老师和学生都处于非常自然、自在的氛围中，师生关系和谐友好。

虽然老师对孩子们有着充分的尊重与理解，但对学生的学习要求也非常严格。学生坐姿不好，老师会全班提醒或点名；学生作业完成得不好，老师会指出需要改进的地方；学生做了错事，老师会耐心帮助孩子改正。在课堂中，学生们可以以任何允许的方式向老师提出自己的建议、意见，可以不用起立，老师也不再是以居高临下的姿态站在讲台上讲授知识，这充分体现出师生之间的平等。在相关的课程活动中，老师还会时不时地联系实际给学生讲生活中的趣事，从而活跃气氛。他们由衷地喜欢跟同学们聊天，甚至不知不觉就会演变成一场“抬杠”大会。

节日庆祝的时候，新加坡的学生大多会亲手制作礼物送给自己最敬爱的老师，来表达对老师的深厚情谊。

新加坡老师的平易近人，非但没有使老师不被尊重，相反，这种平等的关系促进了老师和学生之间的交流，使师生关系得以保持良好的状态。这其中不仅有着对儒家民主、平等师生关系的深刻发掘，也有着与现实和新时代教育特点相结合的改进。

这促使我们开始反思，新加坡作为一个先行者，将传统的儒家思想赋予符合时代潮流的、适合本国国情和教育特色的现代化师生关系是一个很大的启发。从另一个角度看，建立民主师生关系，最根本也是最首要的目的是为了达到相互的理解。对此，熊川武教授在他的《理解教育论》中指出，“理解教育，是消除误解，增进理解，使教师与学生更好地理解自己与他人，从而获得较好发展的过程。理解教育的策略应该是丰富多彩的，但应蕴含情感激励这一基本精神。”

美国电影《师生情》有这样一个片段：一位白人教师到黑人社区任教小学一年级，在第一节数学课中老师伸出五个手指问其中一名黑人孩子，“这是几个手指？”小孩憋了半天才答道：“三个。”老师没有指责他说错了，而是高兴地大声赞道：“你真厉害，还差两个你就数对了。”教师一句赞赏的话，就缓和了学生的心理压力，比起“你怎么这个都不知道”要好千万倍。

2. 生生关系：合作与竞争

班级管理中的“小组合作”方法是西方的“合作学习小组模式”和苏联的合作学习的结合，是把教学融于班级管理的一种探索。

科学分组，合理分工是小组合作顺利开展，发挥小组学习功能的前提。我们应该根据学生的智力水平、认知基础、学习能力、心理素质等进

行综合评定，然后按照“异质同组，组间同质”的原则进行分组。异质同组就是每个组要有好、中、差各个档次，通常4-6人为一组，组间同质就是组与组之间要实力均衡。在分组时，教师要注意调控，遵循以下原则：男女搭配原则，动静搭配原则，性格互补原则，强弱互带原则，自由组合原则。如果班里有倾向明显的“集团”的话，教师一定注意将他们拆开到不同的组。

合理分工，小组合作，就是要人人有事干。所以可以在大组长带领下，另设卫生组长、纪律组长、作业组长等。根据每个人的不同的优势，通过竞选或轮换等，各司其职而又互相制约。在课堂教学时，教师也可以根据学习内容的不同、学生的特长、个性差异合理分工，共同协作完成某一项学习任务，充分发挥小组合作的作用与优势，保证学习活动的顺利实施。

调整座位也很重要。分好组后，座位就比较好调整了。一个组前后左右坐两排或三排，这样比较利于组长的管理。组长可以根据本组实际情况来进行前后或同桌的调换。座位是一周一排，以小组为单位，顺序摆放。这样，对学生的眼睛有好处，也不存在学生家长找关系坐好座位的事情了，又利于班主任对各小组情况宏观调控。

在实施小组合作学习制的过程中，教师应采取以下一些组织策略，有效地保证小组合作学习从形式走向实质。

（1）要给“合作学习小组”明确而又切合实际的目标。如有的老师针对班级管理较难的现状，制订了以遵守纪律、完成作业为主的奋斗目标，将它们量化成每周总分为120分的指标，然后根据得分情况进行小组评比，个人得分和小组得分同时进行，去除个别学生依赖别人得分的心理，避免形成人人消极怠慢、漠不关心的状态。

（2）要及时评价激励，加强调控及时反馈。评价激励对小组合作学习起着至关重要的导向与促进作用。及时的反馈，有利于让各合作小组充分展示成果，阐述观点，并倾听其他组的观点，吸纳他人之长，及时做必要的订正和补充。对小组活动进行评价时可以采用小组内自评和组与组互评相结合的方法。比如在检查学习任务完成情况及纪律遵守情况时就可以采用。组内自评可以明确每人的责任、组与组互评可以互相竞争、互相提高，倡导规范的班风班纪。

强调学生间的合作，并不是忽视教师的主导作用，教师始终是合作学习的组织者、引导者和参与者。在合作过程中，教师要深入小组，掌握情况及时调控，保证小组合作学习有序、有效地展开。如果发现小组长不能胜任，要及时做出调整；如果哪个组方向不明确，管理混乱，教师要给予指导；如果发现哪个同学在组里不合群，教师也要及时地解决问题。总之，分组管理对教师的管理水平又是一项大的挑战。

在小组合作学习中，给每个小组成员都分配具体的工作，使其担任一个具体的角色，一定时间后，再角色互换，这样每个学生都能得到不同的体验、锻炼和提高，这样分工合作也有利于学生建立责任心，增强合作意识。组与组之间进行同层、同质的竞争，从而使每一个学生始终处于受激励的状态，不断体验成功，培养学生正确对待学习、生活中的成功和失败，促进学生的共同进步。

事实上，在美国小组形式的运用多半发生在课堂教学中。在那里，

教师采用小组的形式让学生进行合作学习，其主要目的是想通过合作，让学生完成特定的学习任务。

而在日本，小学班级常常被分成若干个小组，以此作为活动分工的基本单位。每个小组人数不多，大约5–7人。小组活动的内容主要有：①学习讨论。包括课堂学习讨论以及其他围绕某一活动主题或议题展开的讨论。②清扫活动。包括班级教室的清扫和学校公共区的清扫。班级教室每天都要进行清扫，在小组之间轮流进行。公共区则是定期或不定期清扫，往往是全班同学集体出动，但任务分配到各个小组，以小组为单位进行。③午餐活动。日本小学都实行供餐制，就餐活动以班级小组的形式进行。除此以外，每个小组还要分担一定数量的日常杂务。同时，选出一名或多名学生代表，负责全班活动的组织与协调。学生代表也有指定的任务，并且定期在全班同学中进行轮换。

以横滨市郊M小学为例，从三年级开始，通常分配给小组的日常杂务有：张贴海报，组织班级聚会，收集和整理有关健康方面的信息、编写健康小报，负责午餐活动的管理，照管班级图书资料等。班级组织者的任务则包括通知上下课，组织班级会议。除了运用小组的形式去进行各种各样的学术和非学术性的活动以外，教室里的座次基本上也是以小组的形式排定的。

可见，在日本教师的观念中，即便班级日常生活中的一些杂务也是教会学生如何合作、培养学生良好人际关系的重要的教育资源。为了培养学生的合作意识，让学生真正想去合作，一些学校想方设法通过班级集体讨论、各种各样的集会活动以及宣传标语等形式，营造学校合作文化，使学生认识到集体利益与个人利益是互补的，个人利益往往来源于良好的合作。比如，东京市郊的S小学，在学生合作完成清扫任务后，班主任老师将组织全班同学在学生干部的主持下进行讨论，主题是合作清扫带来的好处，从而激发学生自主合作的愿望和动机。

生生之间的合作在很大程度上为满足小学中段学生成长需要开辟了绿色通道，在学习上，在交往中很好地弥补了小学中段学生在转折期分流所带来的疏离，是形成凝聚力的一种有效的综合性的解决方式。

（三）小学高段班级文化建设

由于归属和交往的进一步需要，虽然非正式群体在小学中段已开始出现，但其实在高段才较为明显且影响较深。作为人际关系的进一步延续，非正式群体在这一阶段的小学班级文化建设中正式登上舞台。

1. 非正式群体：适当介入

在小学，班级、少先队等是非常规范、教师可以充分介入其中的学生组织，它们代表着一类有明确目标、有组织体系、有共同的文化特征的学生群体。在学生的学校生活中，还有着教师不一定需要介入、难以介入的一类学生群体，它们可能不规范，可能没有大量的、正式的活动形式，但是，它们也存在着、发展着，如同生态系统中的一个个小群落，成为影响学生成长的独特领域。

学生非正式群体的存在，有着非常多的体现。有的研究从其构成形态的角度，提出“需要互补型”、“个性相似型”、“时空接近型”等分析思路。有的研究从对其性质的判断而得出的，例如，有研究者指出非正式群体存在着“积极型”“娱乐型”“消极型”“对立型”等类型划分，

或者“积极型”“中间型”“落后型”“破坏型”。

基于这一认识，其教育对策就会具有非常明显的一一对应性：有的非正式群体需要鼓励，有的需要利用，有的则需要攻坚、突破。在这一类研究中我们能够发现：对非正式群体进行“定性”的倾向性非常明显。这就提醒我们反思：我们为其如何“定性”？我们为其“定性”时，应该基于怎样的立场？我们又该如何以智慧的方式对待它们？

我们为其如何“定性”？由于非正式群体是自发形成的，角色分工和隶属关系并非一目了然，必须通过一定的方法来了解。除了观察，社会测量法（Sociometry）是了解非正式群体和班级中人际关系的常用方法，而问卷调查则是其主要形式。如：“你想和谁分到一个学习小组”、“你不喜欢和谁一起春游？”通过这些问题来收集班级中各个成员对其他成员是选择还是排斥的资料。

运用社会测量法，首先可以了解每个成员在班级中的地位，可划分出几类特殊学生。①人缘儿：在班级中受欢迎的人。②非正式群体的中心人物：在某个小群体中起重要作用的人。③孤立儿：在班级中被大家忽视、自己也很少接触他人的人。④嫌弃儿：在班级中不受欢迎的人。其次，通过社会测量的资料可以了解班级中非正式群体的数量、人员构成、这些群体之间的选择和排斥关系及各群体的类型。

我们为其“定性”的时候，应该基于怎样的立场？

学生非正式群体的形成，是学生之间以多样的形式自发形成的。学生之间共同的兴趣、爱好、地位、习惯、处境，乃至地域、文化、偶然事件，都会催生出学生的非正式群体。它强调的是情感的沟通和非正式的互动与交往，它的行为方式是比较松散的、非规范性的。社会测量法能够使人们了解学生之间的选择和排斥，但不知其选择和排斥的理由，这时需要借助其他方法，一个比较简捷的方法是让学生写出选择或排斥的理由，这样就能够发现人缘儿、孤立儿及特殊类学生的特点和非正式群体内部相互吸引的原因。

非正式群体形成后，其发展的走向也相当复杂，没有确定的发展规则。它可能进一步扩大，也可能会无声地消失；可能形成极强的凝聚力，也可能继续在松散的规则中自生自灭。因此，我们需要看到时空中非正式群体的存在及其合理性，更需要看到它的变动性、发展的可能性、过程的复杂性。这提醒我们要用发展的眼光看待非正式群体，也启示我们针对不同的学生非正式群体或者其发展的不同阶段，教师介入与否、介入程度、介入方式等，都需要具体考虑，优化教育策略。

我们又该如何以智慧的方式对待它们?

对待积极型的非正式群体，应当支持和保护。例如，学习互补型。这种群体往往由求知欲强、成绩较好的同学组成。成员间常就学习中的问题互相探讨，互相请教。他们在学习上很少保守。这种类型的小群体成员相对稳定，较少流失，并不断吸纳新的成员。教育者对这类群体只要适当引导，对取得成绩的成员给予适度强化，便能发挥其在班集体建设中的特殊作用，极有利于良好学风的形成。

对待中间型的非正式群体，应当关心和引导。例如，知己型。这种群体的成员间先是由于兴趣、爱好相同聚在一起，并且开始相互选择朋友，一旦找到，成员间便话题开阔，并无所顾忌，从学习、生活到家庭、

理想等话题无所不谈，这种群体一旦形成，也十分稳定，且具有很强的排他性。

值得注意的是，随着年级、年龄的增长，在小学高段，这类群体由同性成员开始吸纳异性成员，由于青春期的特点，个别成员间日久生情，会出现“早恋”的现象。这就要求教育者与他们交朋友，尊重他们，并适度介入、健康引导，否则，会出现教育管理中十分棘手的逆反心理，甚至对立、反抗的情绪，给班级管理带来麻烦。

对待消极型的非正式群体，应当抵制和改变。例如，对立型（反抗型）。这是一个危险的小群体，它的形成与老师或家长的不当教育不无关系。成员往往是由于成绩或表现不好，受到老师或家长的不当教育：体罚或冷嘲热讽，于是相互聚集，他们有相同的泄愤对象，相同或相似的挫伤经历。这种群体的成员，往往对于来自家长、学校、教师的教育或沉默不语或直接出言相抗，在班级管理过程中，有极强的破坏性。

以转化后进生为例。随着学习内容深度和广度的增加，“学习压力很大”，小学高段后进生的转化问题是比较突出和难出成效的。转化后进生的重要契机之一在于在其已封闭的世界上打开缺口，培植后进生的尊严与信心。一般来说，突破口因人因事而异。但有一些共同性可循。比方说，研究厌学者的原因，大致有下列类别，每类都有相应的教育突破口：怨师而厌学宜用“动情类”策略，绩差而厌学宜用体验成功策略，盲目而厌学宜用暗喻（即不明说却让学生在活动中耳濡目染或在言外之意中领悟道理），志弱而厌学宜砥砺其志，家困而厌学宜帮助其排忧解难。

2. 班级活动：力求丰富且形式多样

分析小学高段学生的年龄特征，我们会发现这一时期学生不论在学习还是在生活方面，自我实现的需要非常强烈，同时学生的发展处在变革发展阶段，一些问题浮出水面。这时班主任发挥作用的方式更多地在于幕后的支持、鼓励、帮助，学生及其群体更多地走到前台，自主地开展班级工作。

在人与自我的关系上，需要形成自主、自强、自信的文化精神。无论对于班级事务，还是个体的学习等事情，只有个体以积极进取的态度对待，自信、自强地投入其中，才可能不断实现班级工作的完善与个体发展，才可能在开放、生成性的活动过程中不断实现自我提升。

比如在班级组织制度方面，经历了由采取班干部竞选制与值日班长制相结合，逐步开展到学生全员参与，分小组管理班级，这时可以形成班主任宏观调控下班委负责，班级理事会督促协调，学生自我管理的二位一体的管理制度。

又如在具体岗位设置方面，更加需要充分发挥学生的创造性，由学生提出、策划各种类型的岗位，自主地设计岗位的职责，确立合理的岗位目标，并且自主地进行集体评价与自我评价。这样，岗位的产生与设置的过程，就成了引导学生关注班级生活、自主地建构班级生活的过程。例如，有的班级在原有岗位的基础上，引导学生思考目前还存在的问题，提出解决问题的方案。

高年级学生的成长需要是鲜活的、综合的，学科教学的分科性往往难以顾及学生成长的这一特征。班级主题活动是综合性、动态性的教育

活动，其内容丰富多彩，恰好为这一学段学生更好地自我实现提供了平台，旨在帮助学生解决精神上的迷惑、忧虑和不安，给他们以生活的力量，为他们树立学习的榜样，催他们奋发向上。

根据主题内容与形式的不同，我们可以把主题班会的内容和形式分为以下几种：模拟式（如模拟法庭）、交流式（如学习问题、人际关系问题、心理问题）、文艺型（如诗歌朗诵、歌舞、相声、小品、笑话、书画摄影）、竞赛式（如文学竞赛、烹饪比赛）、论理式（如演讲、辩论）、纪念式（主要以节日为主）、实践式（如参观访问调查活动、公益活动）。相比较而言，实践式活动是学生最喜闻乐见的一种，而这恰恰是小学班级文化建设的一个薄弱环节，并且在拓展学生的空间与视野方面需要极大的努力。

我们憧憬着博物馆文化能为我们弥补这个缺口。在美国，学生到博物馆不仅是参观，更多是去上课。我们可以想象一下，当你行走在无数世界名画中，听老师讲西方美术史和油画欣赏、绘画技巧的时候，当你触摸和观赏着海葵、海胆、海参、小丑鱼的同时，听老师讲海洋生物和生物链的时候，你的感觉和坐在教室里肯定会完全不同。更何况我们老师掌握的这些知识远远比不上专业技术人员。这些博物馆会提供免费的专业人员为学生义务讲课，只要老师提前预约，就可以带学生到这些地方上课，这是多么令人向往的事情啊！如果有必要，他们还可以开着大车，带着教学材料到学校为学生上课。

我们也期待着童子军或女童军文化让学生迎接挑战。童子军或女童军在美国和其他许多国家包括港台地区的中小学生中十分有影响。通常，童子军只收10岁以上男孩，以成人义工领导的小分队为单位开展活动。在具有牛仔精神的美国，童子军按年龄采用幼狼、幼狮等野兽命名，除了组织夏令营，平常也进行军事组织和技能训练，训练科目以急救、救生、骑自行车、游泳、徒步行走、观察大自然、露营、狩猎、钓鱼、获取食物、制造各类器具为主，训练目的是使孩子成长为一个坚强的男子汉，适应日益激烈的社会竞争。

女童军的会员年龄为5至17岁（18岁以上可以申请加入成人会员）。女童军的重要职能之一是进行女性和母性启蒙。她们的口号是："女孩们在这里茁壮成长"。小布什总统的夫人劳拉和国务卿希拉里·克林顿，都把女童军列为自己早年印象最深刻的活动之一。

很明显，在小学，这些活动比较适合高段的学生。不要说学生，就连我们这些成年人置身其中，都感到无比的兴奋，极大地调动了我们的参与热情，可是这些活动却必须有赖于社会与学校教育的紧密结合，有赖于环境的改变。需要指出的是，不同地域、不同年级、不同发展基础的班级，其需要建构、强化的文化也都会有各自的独特性，因此，需要班主任与学生们一起积极、自主地策划、开展。

第三节 构建家校合作体系，寻求班级文化建设的社会支持

一、家校合作的重要性

当今世界各国已普遍认识到，青少年儿童的教育仅靠学校单方面的力量是难以完成的，需要社会各方面，尤其是家庭的通力合作。近年来，美国为着重研究解决公立学校的危机问题，把家校合作作为教育研究和学校改革的主题，英国、德国、法国、芬兰和挪威等欧洲国家，也将家校合作作为教改的重要组成部分。可以说，家校合作是当今学校教育改革的一个世界性的研究课题。

教育是一个广泛复杂的系统工程，现代素质教育更要求根据孩子自身特点和不同的成长背景因材施教，要求家长和教师能及时沟通并修正对孩子的教育。德育、智育和体育的延伸使得教育不再局限于学校和课堂，广泛持续地进入社会、进入家庭。实际上，家庭也同样成为最重要的教育场所，家长是孩子的启蒙老师。建立学校、老师、家长、孩子通畅的、互动的渠道，形成学校、社会、家庭的全方位网络系统教育，将具有十分重要的意义。随着家长对教育的投资越来越大和对教育的重视程度越来越高，家长迫切需要通过现代信息技术手段及时了解孩子在学校的情况以及如何配合老师的工作；老师也希望通过现代信息技术手段对孩子的教育能够延伸到家庭，从而共同做好学生的教育工作。

家庭与学校的合作是无条件的，同时也是相当自由的，学校与家庭合作，相互信任，互相尊重，家长积极参加家长会等各种活动；老师是导演，引导学生发挥潜力，多为他们创造一次争取表现的机会。亲子教育很重要，有益于孩子身心的健康发展。要树立教师和家长的威信，更要发挥爱心的力量，发现孩子的好奇心，及时地给予鼓励，发挥他们学习的主动性，帮助学生克服困难，坚定信心。每一个家庭对孩子都有很大的影响，以前父母教育子女，是天职本能的；现在的父母却需要学习、研究，才能教育好子女。每个家长的态度、人生观、价值观、学习习惯、为人处世，都会影响到每一间教室，所以家长也要主动地多了解学校和班级特点，帮助孩子制订计划，鼓励和培养孩子的独立能力。

“家校合作”的可行性和必要性，是要通过学校多宣传、家庭多参与、社会多支持，三方合作，相互支持，逐渐形成教育的一致性，共同努力才能取得良好的社会效果。社会各界热心教育人士，如电视电台书报媒体、书店、商店、青少年活动中心以及公园、公交车等公共场所的管理工作人员，都来关心我们的青少年的成长，及时指出孩子不规范的行为，积极帮助他们改正缺点和错误，不断增强他们各方面的规章制度和法律常识。这样，受益匪浅的不仅是孩子，而且是我们家长及整个社会。

家校合作是基础教育新概念，教育行政部门应该尽力调动社会各方面的支持和配合，吸取国内外家校合作的历史与经验：家庭、学校和社会“三结合”。积极探索“三结合”教育的形式和方法，不断提高教育水

平，把社会、家庭与学校的教育紧密结合起来，形成全社会关心学生健康成长的良好舆论和风气。

二、家校合作中的权利与义务

家校合作是家庭与学校在享有一定共识的前提下进行的互动，在互动进行过程中家长既享有权利，又享有义务，是权利和义务的统一。

（一）家长参与学校教育的权利与义务

家长是孩子法定的监护人，有权利和责任让子女接受义务教育。这几乎在各国的“义务教育法”中都有明文规定。又因家长是学校教育的纳税人，所以他们也有权利和责任监督、参与学校教育工作。

一般来说，家长应有以下权利：①知道学校怎样教育他们的子女；②了解学校的政策和计划并可对此做出影响；③采取必要的措施，保护子女的受教育权利不受任何人剥夺侵犯；④认可学校在日常生活及教学上承担的责任。

家长的义务主要是：①保障子女获得同等的教育机会和合适的教育；②为学校教育其子女提供必要的条件和资料；③为子女创设一定的家庭学习环境；④与学校合作并支持学校的工作。

这些权利和义务在欧美各国普遍受到重视，并大多明确地得到法律保障。我国1995年3月18日第八届全国人民代表大会第三次会议通过的《中华人民共和国教育法》规定：“未成年人的父母或者其他监护人应当为其未成年子女或者其他被监护人受教育提供必要条件。未成年人的父母或者其他监护人应当配合学校及其他教育机构，对其未成年子女或者其他监护人进行教育。学校、教师可以对学生家长提供家庭指导教育。”上述权利和义务的理论基础是家庭和学校在儿童教育过程中的互补性。

（二）家校合作中学校的地位与作用

苏联著名教育家马卡连柯在论述学校教育和家庭教育的关系时，有一个简洁而鲜明的观点，那就是：“学校应当领导家庭”。美国北佛罗里达大学隆巴那（J. H. Lombana）教授也认为，学校应在家校合作中起“主导”作用。学校应吸引并组织家长参与其孩子的教育活动，给家长提供参与机会，对家庭教育进行指导。因为学校是从事教育的专门机构，拥有大量的教育专职人员，能按教育规律科学地对儿童施以教育。这些教育专职人员应懂得教育学、心理学的知识，懂得儿童的身心特点和发展规律，掌握科学的教育方法。在家长的教育素养普遍较低的情况下，教师应主动地指导家庭教育。这是当前广大教师的另一项伟大而又艰巨的使命。

另外，学校之所以在家校合作中起主导作用，也是因为它能明确地认识到家校合作的总体目的，即：①使家庭教育和学校教育成为一个一致的过程；②强化地方教育机构（教育管理机构和学校）的自我管理；③使家庭支持学校教育；④使学校帮助家长解决其在教育子女过程中遇到的各种问题。

三、当代国外家校合作的研究

当代有很多国家对家校合作进行研究，其中美国和英国的研究较为出色。

(一)美国

按家长在家校合作中担任的角色不同,可将家校合作分为如下三类:

(1)家长作为支持者和学习者。家长以这种角色参与的家校合作方式主要有家长学校、家长会、家长小报、家庭教育咨询、家校书面联系、电话联系和个别家长约见等。

(2)家长作为学校活动的志愿参与者。这类家校合作的方式主要有家长报告会、课外辅导、家长帮助指导职业实习和特殊技能训练等。

(3)家长作为学校教育决策参与者。家长参与决策的具体合作方式有家长咨询委员会、教师-家长会、家长出任校董事会成员等。

(二)英国

北爱尔兰大学教授摩根(V. Morgan)等人按家长参与的层次将家校合作分为如下三类:

(1)低层次的参与。这个层次的家校合作方式有访问学校、参加家长会、开放日、学生作业展览等活动。另外,家长联系簿、家长小报、家庭通讯等也属此类。

(2)高层次的参与。这种层次的合作方式有经常性的家访、家长参与课堂教学和课外活动、帮助制作教具、为学校募集资金等。

(3)正式组织上的参与。合作方式有家长咨询委员会等。

四、我国家校合作的现状及存在的问题

对照国外家校合作发展形势,反观我国家校合作现状,可以看到我

们虽然在家校合作方面有所发展，但是问题仍然很多。

（一）我国家校合作的现状分析

1. 难以单独承担的重任——学校教育的局限

学校教育的制度化和正规化，一方面显示了教育的成熟，另一方面也暴露出了它的弊端——制度化容易导致僵化和模式化，对社会变革反应迟缓，学校教育出现了诸多局限。

（1）学校是专门的教育机构，可以对影响学生的校内环境进行控制，但却难以对校外环境进行控制。而学生几乎有一半的时间是在学校以外的地方度过的，这段时间若没有良好的家庭教育的弥补，学生的这段教育将成为真空。单纯依赖在学校的教育，不可能达到我们预期的目的，学校教育将"孤掌难鸣"。

（2）人是由各方面素质构成的社会的人。学校是教育学生学习知识的地方，而学生要成为一个健康合格、全面发展的人才，需要大量的生活磨炼、社会锻炼。也就是说除了学校教育外，还必须在生活、社会大课堂中锤炼，人的性格、品质等多种综合因素才能得到很好的发展。

（3）学校教育的模式如同流水线的作业。在学校，一个教师往往需要面对数十个学生，不可能面面俱到，加上师生的变动，一个教师一般很难透彻了解每位学生。对学生了解不够，学生人数多，既给密切师生关系带来障碍，也对教师实施因材施教、个别教育带来困难。

（4）必须以理性的眼光来审视教育。特别在当前，教育的体制与师资力量还不完善，应试教育的弊端已经越来越不适应现代化人才培养的需要，因此，不能把学校看成医治社会百病的良药，教育的问题仅仅靠

学校单方面来解决势必势单力薄。教育是社会的事、每个家长的事，面对问题，我们不能紧张，也不能袖手旁观，更不能认为只要把孩子送到学校就万事大吉了，而应该用自己的行动去弥补教育的不足之处。

2. 个性教育的主战场——家庭教育的优势

家庭教育是个体社会化过程的关键时期，小学生正处在大脑迅速生长发育时期，也是潜意识学习的最佳时期和人格陶冶的重要时期。心理学告诉我们，人与人之间的感情越亲密，相互之间情感的感染性越强，强化作用越大。反之，则感情越弱，感化作用越小。因此，父母和子女由于特殊的血缘关系，他们之间容易产生感情上的共鸣，直接影响到子女的情绪、态度，甚至决定子女的行为，这种情感的共鸣，就是一种强大的教育力量。

另外，父母不仅和孩子接触最早，而且和孩子接触时间长，长期的共同生活和特殊的亲子关系，使父母能够深刻而系统地了解子女的全面情况，从而做到家庭教育从孩子的实际出发，有针对性地进行教育。因此，个别教育、因材施教是家庭教育的优势，这是其他教育难以具备的。我国著名文学家老舍在纪念他母亲的时候写道："从私塾到小学、到中学，我经历过起码有百位教师吧，其中有给我影响的也有毫无影响的。但是我的真正的老师，把性格传给我的，是我的母亲。母亲并不识字，她给我的是生命的教育。"的确，父母对子女的影响可以说是"生命的教育"，这种影响所起的作用是其他人难以做到的。

从学生自身看，在小学阶段，他们幼稚，不成熟，对学校生活在充满兴奋、激动和期望之余，还会伴随着一些困惑不安和紧张，他们不知道该如何更好地去处理和解决在学校所遇到的各种难题，他们非常需要并依赖于父母的帮助，此时家庭的引导和教育尤为重要。中小学阶段，是学生成人感产生、独立性和自我意识增强的时期，此时是其人生道路的“多事之秋”。这时青少年迫切需要父母的理解和帮助，作为父母要充分发挥家庭教育的优势，引导青少年解决发展中一系列矛盾，顺利完成青春期的过渡。因此，学生青春期的教育与引导，家庭成为教育的主战场。

3. 党和国家对家庭教育的重视

早在20世纪80年代末，家校合作的问题便得到了国家的高度重视。1988年12月25日颁布的《中共中央关于改革和加强中小学生德育工作的通知》指出：“要把社会和家庭教育同学校教育密切地结合起来，形成全社会关心中小学生健康成才的舆论和风气。”1989年国家教委颁布《关于进一步加强中小学德育工作的几点意见》强调：“教育行政部门和学校，要主动争取家庭、社会各方面的支持和配合，在实践中探索三结合的形式和方法。”1986年颁布的《中华人民共和国义务教育法》和1995年颁布的《中华人民共和国教育法》赋予家庭、学校依法保障适龄儿童、少年接受义务教育的权利。1991年颁布的《中华人民共和国未成年人保护法》，对家庭、学校和社会等对未成年人保护做了明确具体的规定。90年代，我国政府颁布的《九十年代中国儿童发展规划纲要》规定，要“使90%儿童的家长不同程度地掌握保育、教育儿童的知识”，要“发展社会教育，建立起学校教育、社会教育、家庭教育相结合的育人机制，创造有利于儿童身心健康、和谐发展的社会和家庭环境”。2002年

2月，江泽民同志在《关于教育问题的谈话》中指出："教育是一个系统工程"，"家庭、社会各个方面都要一起来关心支持教育。"同时，教育部发出了《关于学习贯彻江泽民同志〈关于教育问题的谈话〉的通知》，要求全社会高度重视家庭教育，争取学生家长对教育工作的支持和配合。所有这些，说明了家校合作已得到党和政府的高度重视。

（二）我国家校合作存在的问题与偏差

1. 认识错位，观念陈旧

从家庭方面看，大部分家长缺乏参与学校教育的意识，没有认识到参与是自己的权利和义务，他们认为教育孩子主要是学校的事，孩子的学习和品德由老师管，自己只管吃、喝、拉、撒、睡。有的家长只关心子女的学习成绩和分数，在其他方面则抱着无所谓的态度，或对子女娇生惯养，百依百顺。还有的家长对教育子女无自信心，认为自己文化素养不高或不懂教育，没有能力参与学校教育活动。

从教师的角度看，教师总认为家长不懂教育规律，一般因教育程度低、文化素质差，往往不懂如何教育孩子，他们不仅没有能力参与学校教育工作，反而时常给学校带来麻烦和干扰。当家长走进校园，坐入课堂时，教师们倾向于自我保护并产生不同程度的恐惧感，觉得他们的职业权威和形象受到威胁和挑战。教师认为家长介入校内事务，是在监督、挑毛病，这是对家校合作意义的狭隘认识，实际也是我国几千年来从私塾到学堂、学校教育封闭的体现。

从学校方面看，由于当今各中小学一味片面追求升学率、办学思想的偏差，学校教师、家长、学生以及社会舆论界都将眼光集中在学生的学习成绩和学校的升学率上，致使学习成绩的好坏几乎成了衡量一个学校或教师的教学质量好坏的唯一准绳，这就造成了家校合作的内容极其单一，仅仅只限于督促学生的学习上。特别是我国长期以来形成的封闭教育体制，阻碍着学校采纳家长的见解，不能使家校合作成为学校教育运行机制的组成部分。

2. 活动无序，合作无据

在实际工作中，由于家校合作方面既没有教材，也无其他依据，只是零散于各级领导讲话及文件中，所以家校活动的开展存在一些问题。

（1）缺乏计划性。在实际中，许多学校缺乏家校合作的整体计划，甚至没有将此项工作纳入学校工作日程，校、年级、班级各层面的家校合作难以相互配合。有的年级、班级往往是因为年级主任、班主任认为有必要召开一次家长会了，就将家长一个个通知到学校，实际是因年级、班级有了问题才想起了家长。即使是已经开展的活动也往往缺乏活动记录，更不谈家校合作方面的经验总结。在这些目的性不强、准备不足的活动中，收到的效果是可想而知的。

（2）缺乏互动性。家校合作应该是家长与学校、教师在活动中相互了解、相互配合、相互支持的过程，即双方需要互相交流、沟通，这才是家校合作的真正前提。但在实际活动中，教师对家长大都采取简单的灌输方法，由教师讲如何去做，只有单向交流，缺乏双向对话。如我们常见的一种合作形式——家长会，基本上是校长讲、教务主任讲、年级主任讲、班主任讲，这种形式已形成固定模式，如同报告会一般，家长被动地听，没有发言的机会，其效果微乎其微。

（3）缺乏平等性。在很多学校中，家校活动处处以学校为中心，以教师为主导，只考虑学校、教师的需求而不照顾家长的需要，活动的时间、地点只考虑教师的便利，家长只有被动地接受通知。有的教师总认为家长是不懂教育规律的，没有发言权，家长到学校只是为了了解情况，教师处处高人一等，致使许多家长到学校后诚惶诚恐，怕说错话，怕得罪老师，使家长在整个活动中处于不平等的地位。

（4）缺乏连贯性。家庭、社会参与学校教育有利于教育教学水平的不断提高，有利于我们教育事业的发展。但在实际教育工作中，许多学校家校合作活动并没有正式纳入学校整体教学工作计划之中，而是想起来了或是有事了去做一做，或者仅固定在一个学期的开头等，致使其活动在时间上断断续续，在活动的内容上缺乏前呼后应，家长无法找到活动规律，也就无法找时间与学校沟通，家长在活动中所获得的教育知识也就零零碎碎，不系统，无法从根本上形成一套相对完整的家庭教育观念、知识、方法体系。可以说，这种零碎活动的开展很难达到我们的目的。

3. 亟待改善的家长会

各学校的期中考试刚刚结束，在判卷、学校总结成绩之后，令多数学生“恐慌”的家长会就要开始了。据了解，大多数学生对家长会存在抵触情绪，只要爸妈去开家长会，孩子就会忐忑不安地在家里等待，猜测老师会和爸妈说什么。但通常情况下，爸妈回来后，脸色“多云转阴”的时候偏多。

从家校合作的重要性及我国家校合作的现状与存在问题看，家校合作问题是值得我们重视，并且需要进行深入研究的领域。

五、家长工作管理

家校合作在提高教育质量、深化素质教育方面是必不可少的，为了在教育活动中切实推进家校合作的实践与研究，需要把家长工作管理作为班级管理的重要内容进行研究。

（一）家长工作管理的意义

家长工作管理具有以下意义：

（1）家长工作管理有利于促进学校教育和家庭教育的有机统一。班主任通过家长工作管理，可以有效了解学生在家的情况或要求家长协助解决教育学生的某些具体问题；班主任还可以把一个时期学校和班级的工作计划有目的地向家长介绍，共同研究教育方法和措施，让家长也参与到班级管理中来，使家庭和学校都成为学生健康成长的良好场所。

（2）家长工作管理有利于充分调动家长教育子女的积极性。在家长工作管理中，班主任可利用家长“望子成龙”这一良好愿望，调动其教育子女的积极性。班主任向家长反映情况时，要热情诚恳，实事求是，不要报喜不报忧或报忧不报喜。对后进学生的点滴进步要及时向家长汇报，以形成良好的教育氛围。另外，尊重家长，和家长共同分析原因，研究教育方法，会激发家长的积极性，使其协助班主任做好班级管理工作。

（3）家长工作管理有利于帮助家长掌握正确的教育方法。家长普遍具有教育子女的积极性，但大多数缺乏正确有效的方法。班主任通过家

长工作主动帮助家长了解学生的心理特点、掌握教育规律，能有效提高家长的教育水平。

通过家长工作争取家长对学生班级管理工作的支持和配合，能提高教育质量，加强师生的感情交流。同时让我们老师在切身感受学生的成长环境中，在了解学生家长的文化素养和教育状况的基础上，对学生进行全面、认真的分析了解，学校教育、家庭教育、社会教育相结合，架起学校与家长联系和沟通的桥梁，使家长根据自己子女的特点，制订相应的教学措施，让学生健康成长。因此家长工作管理具有很强的现实意义。

（二）家长工作管理的一般原则

家长工作管理一般应遵循如下原则：

（1）科学性原则

家庭教育是一门科学，其基础是教育学、心理学、生理学、营养学等学科，但大多数家长对这些理论都不甚了解，不懂得家庭教育的科学知识和方法，因此，家庭教育与学校教育在教育思想、培养目标等方面都存在着一定差距，难以形成教育合力。为此，我们在家长工作管理中，应努力普及教育学、心理学的有关知识。

（2）理论与实践相结合的原理

教师应充分利用自己的理论优势，注意从学生家庭中吸取实际材料，只有这样，才能通过指导，使家庭教育既有针对性，又富有生命力，更有利于家长接受。家长来学校参加家庭教育指导，无不渴望学校能为他们提供行之有效的教子良方。教师只有理论联系实际，通过家长工作使指导内容通俗易懂并具有操作性，才能受到家长的欢迎。

（3）针对性原则

由于家庭具有差异性，包括家庭类型结构单一性、家长素质的差异性和学生年龄、性格的差异性，因此家长工作管理内容的安排要加强针对性。

（4）激励性原则

家庭教育说到底，首先是教育家长自己。在不同的家庭里，有成功的家庭教育，也不可避免存在失败的家庭教育。为此，班主任在家长工作中要揣摩家长的心理，以尊重、理解、体谅的态度与家长共商家庭教育的对策，帮助他们树立信心，激励他们配合班级管理的积极性和主动性。

（5）互补性原则

家庭教育的指导者应有正确的家长观，相信每个家长都具有教育子女的责任心和基本的教育能力，并通过家庭教育的指导，使每个家长潜在的教育能力得到开发，只有这样，在家长工作中，指导者与被指导者才能相互补充，相互促进，共同提高，指导者也可以从家长的实践体会中，总结经验，上升理论，丰富指导的内容。

（6）坚持性原则

作为家庭教育的指导者，必须在实践中持之以恒，细水长流，先易后难，先近后远，按家长的需要，在家长工作的难度、深度、广度上制订一个长远的计划，使家庭教育指导成为一个过程，而不是一时运动。

(7) 全面性原则

家庭教育指导的原则应坚持孩子德、智、体、美、劳全面发展的原则。在当前家庭教育存在重智轻德、重知识轻能力的倾向。作为指导者，应当纠正家长片面的认识，促进孩子的全面发展。

(三) 家长工作管理的具体要求

班主任应引导家长从德、智、体、美、劳诸方面对子女进行全面的教育，要达到这一目的，班主任必须注意以下几个方面。

1. 经常进行家访，切忌怠惰

要实现我国社会主义教育目的，没有家庭教育与学校教育的紧密配合、没有教师与家庭的真诚合作，是完不成的。所以，班主任应该密切同家长合作。家访是班主任主要工作职责之一，是联系家长工作的一种基本的形式，是实现教育过程的关键环节。一次成功的家访，不但与家长建立了感情，而且掌握了学生在家庭中反映出的个性特征和具体情况，增强了教师转化学生的信心，从而给教师带来欢乐和鼓舞。

班主任家访要勤而不惰，首先思想上要勤，每次应提出明确的家访要求，制订周密的家访工作计划，在家访中随时积累资料，勤于思索加工。其次，在作风上要勤，做到坚持要求，克服困难，不达目的决不罢休。

2. 尊重家长和学生，切忌告状

对于广大班主任来说，坚持尊重、信任、依靠广大家长和学生，既是对教师是否具有群众观点的检验，也是对教师道德修养的要求。首先，要尊重学生家长的人格。其次，要尊重学生家长对学校及教师的教育教学工作的监督、评价及意见。再次，对不同类型的家长要一视同仁。最后，尊重学生家长，还要教育学生尊重自己的父母。同时，班主任要正确运用家长的力量，切忌向家长告状。

3. 平等公正，切忌偏袒

平等和公正是一种待人的规则，是一种调节人际关系的道德准则。我国社会主义学校，师生关系是民主、平等的关系。广大教师和家长之间，也应该建立互相尊重、亲密合作、坦诚相待、以礼相待的平等关系。

六、建立有效的家校合作模式

无论是中国还是外国，对家校合作模式都非常重视，他们在不断的实践与探索中形成了多样的家校合作模式。

（一）国外家校合作的研究与实践

国外对家校合作的研究与实践体现在合作策略、合作方案、合作模式三个方面。

1. 国外家校合作的策略

在国外家校合作策略中，直接针对教学和学习活动的称为直接策略；与教学和学习活动并不直接有关，但是支援教学活动的，称为中介策略；与教学活动无关的教育活动称为边缘策略。

（1）直接策略

家长在家庭中参与青少年儿童的学习活动，比如进行对话和思考的活动，指导家庭作业，进行语言、音乐和艺术活动，提供学习用品等。家

长还可以在学校中参与指导学生学习的活动，例如协助教师教学等。

（2）中介策略

学校与家庭广泛接触沟通。例如使用各种联络方式，向父母说明学校情况和学生的进步或通知父母参加学校活动。家庭协助教学活动。例如家长参加学校组织的参观、旅行活动，指导学生游戏等，家长参加学校举办的研讨会，参与学校政策的讨论，与教师建立良好的合作关系等。

（3）边缘策略

家庭提供青少年儿童基本的生活条件，如营养、健康和安全；家长参与对学校事务的管理并提出建议，家长参加家长委员会、教师家长协会等。学校帮助家庭联系社区资源，提供给家庭和学生一些服务和赞助等。

2. 国外家校合作方案

为增进学校与家庭的合作，国外一些研究者设计了一些合作方案，对于我们有一定的参考价值。其中家庭配合学校教育的方案大致有如下两类。

（1）整体方案

整体方案是指由学校或相关机构对家庭和青少年提供一定程度的整体服务。包括营养（食物、咨询）、健康服务（健康检查、免疫防治、介绍医院医生）、社会服务介绍、家庭教育指导等。在发展中国家和地区，这种整体方案是非常重要的。近年来在拉丁美洲、非洲、中东以及亚洲地区进行的研究，大部分采用整体教育方案进行儿童教育的早期开发。

在印度“整体性儿童发展服务”主要的内容，是介绍营养的补充、免疫防治、健康检查、学前教育等。这一方案的实施有专业人员的指导和协助。在哥伦比亚，这种整体方案的主要内容，包括每天的亲子互动与游戏、发展儿童心智能力的方法等，并建立社区服务计划，同时对父母进行增进技术、帮助就业和提高收入的职业教育，以及提供儿童营养方案和刺激儿童学习的方法。在美国，目前正在进行的整体方案，是1991年提出的“及早开始转换示范计划”。全美大约25个地区的“及早开始中心”与地方教育机构负责设计学校与家庭合作的方案，提供各种家庭的支援服务和健康检查。这些计划在实施的第一年起，由地方政府和国家检查评鉴。

（2）传统方案

传统方案是指由学校和教育机构指导家庭教育，帮助改进学生的认知或学业技能。这类方案有些是为学前儿童父母设计的，以便增进儿童的就学准备；有些是为学龄儿童父母设计的，便于辅导学生的学业。其主要内容，有些集中于指导父母的教学行为，有些集中于语言训练，还有些强调阅读或其他学科的学习方法。

3. 国外家校合作模式

国内外学者对家校合作的模式有许多阐述。例如，香港大学学者何瑞珠（Esther Hosui-chu）将家校合作的模式分为“以校为本”和“以家为本”两种主要模式；而美国学者穆勒（Muller）运用1983年美国国家教育长期研究的数据，将家校合作的模式也归结为以上两种类型。在马忠虎编著的《基础教育新概念家校合作》一书中，对上述两种模式有较详

细的介绍。

(1)“以校为本”的家校合作模式

“以校为本”的家校合作模式是指以学校为中心延伸出去的能够满足家长需要的各项合作。这一模式包括校内外环境分析、策划和组织、分工和指导、执行、评估。从内外环境分析到评估是一个不断循环的过程。

①“校内外环境分析”是指在具体制订家校合作政策前,先分析影响家校合作的学校内外环境因素。校外因素包括社会环境,政府政策和办学宗旨,家长的能力、需要和态度等;校内因素则包括教师的态度和交际能力、工作量、学校文化、学校政策、管理形式以及人力、财力组成等。通过对这些因素的分析,可以确定开展家校合作活动的层次。

②策划和组织是根据对校内外环境因素的分析,确定学校推行家校合作的有利因素和不利因素,然后有针对性地制订家校合作的目标和政策的过程。

③分工和指导是指制订家校合作的计划后,实施合理分工,请有关专家或有经验的教师对有关人员进行培训。

④执行阶段,确保家校合作活动能得到社区和家长的支持,从而成功地实施。

⑤评估阶段,是对前面过程的检验和评价。

“以校为本”是保证正常教学秩序的前提,学校的职业教师起指导作用,家长起辅助作用,要积极配合学校;学校要建立一个良好的气氛,增强家长、教师、学生之间的情感沟通与信息交流,在此基础上合作关系才能得以形成。班主任在“学校”、“家庭”、“社会”中起到了关键作用。

每位班主任不仅要管理好班级的每一位学生，还要努力调动任课老师和家长的积极性，发挥他们各自的特长和热情，为了一个共同目标而努力。老师对学生要多鼓励，对有“进步”或有“问题”的学生要及时通知家长，寻找对学生最有效的方法，达到教育方法的一致性，及时激励和帮助他们不断进取，尽快建立有效的家校合作：分工、分类、角色、问题及关系。“以校为本”的家校合作模式包括家长访校、家长学校、家长会、家访、电访、成立家校合作委员会等。

（2）“以家为本”的家校合作模式

“以家为本”的家校合作模式是指由学校或社区指向家庭的、能够配合学校教育的各项活动。这一模式包括家庭内外环境分析、策划和组织、分工和指导、执行、评估和反馈五个环节。

①对家庭内外环境分析就是熟悉和了解每个家庭。家庭内部环境因素包括家长的受教育程度、教育素养、健康状况、年龄、职业、兴趣、需求、特长、家庭的构成、经济状况以及儿童的年龄、健康状况、智力水平、兴趣爱好等。家庭外部环境因素主要包括亲戚邻里、社区的自然和文化环境等。

②通过对内外环境分析，确定家校合作政策，合理策划和组织家校合作的活动。

③“以家为本”的家校合作活动由学校或社区指导，学校和社区进行合理分工。

④执行阶段，由专职人员按计划对家长进行指导和培训，控制活动进度和类型。

⑤评估和反馈阶段，由学校或社区对活动效果进行阶段性的评估，从而为下一阶段家校合作活动的进行提供参考。“以家为本”的家校合作活动包括家长学校、社区家长与儿童发展中心、家长咨询委员会、家庭学习活动等。

“以校为本”和“以家为本”两种家校合作模式相应地都有许多家校合作的具体活动和方法措施，以保证家校合作的目标得以实施。

（二）我国家校合作的基本策略

1. 营造家校合作的氛围。

（1）充分发挥行政部门的权力作用

各级政府和教育主管部门要重视家校合作，制订符合各地实情的法规和政策性文件，完善管理体制，成立专门的领导机构，并使之形成制度。要把家校合作放在振兴教育的高度，广泛调动全社会的参与，使之在社会中、家庭中、学校里都成为一项正常的工作。

（2）学校要从教师的观念着手，帮助教师端正与家长合作的态度

自古以来，学校总以教育权威自居，教师也因此总有几分教育优越感，有的教师认为家长参与教育是外行干预内行。他们把家长会、家访等看作向家长告状的好机会，专讲学生的问题与不足，对学习困难生家长态度傲慢，出言不逊，不是真心地通过与家长沟通去协商解决问题。这实际是教师对家校合作的意义认识不清，致使影响了合作的态度与成效。学校要帮助这些教师与家长建立合作伙伴关系，让他们为学生的成

才而齐心协力。

(3)在家校合作的过程中，学校方面应起到主导作用

如何与家长建立起友好的合作关系，第一步应由学校迈出，要制订合作的计划、日程、活动方案等，主动邀请家长参与，处处体现接纳家长为合作伙伴的姿态。同时，在活动过程中，学校对家长要进行引导，帮助家长懂得教育、参与教育，让家长真正介入教育的合作之中。

2. 提高家长的教育水平

家长素质的高低，直接关系到家校合作的效率与成效，一个懂得教育规律、热心教育的家长就如同一位教育高参。如何整体提高家长素质，学校应主动去做好这一工作。

(1)通过宣传和咨询手段，激发家长关心教育、支持教育的热情。调动家长参与教育的积极性、主动性，同样必须由学校主动地去做好宣传和咨询工作，要让家长懂得参与合作的意义，更多地了解和关注学校教育，形成积极参与教育的社会风气。其手段可用板报、橱窗、广播、电视等多种形式进行宣传，也可采用宣传日等；其内容可涉及大到党的教育方针、学校的教育目标，小到有关教育知识、校内简讯、社会对学校的某些关心与支持的通报等。

(2)通过开办家长学校、举行系列讲座的形式，传授家庭教育知识。以提高家长的教育素养讲座的内容涉及面广泛，如关于家庭教育的意义，如何对孩子进行品德教育、审美教育、保健教育等，可以结合学校的工作计划开展，也可结合家长的实际需要，同时亦可采取家长教育子女的经验交流会，给家长提供相互学习的机会。

（3）举办家长会，强化感性教育。通过家长会的形式，向家长宣传各种科学学习方法及要求，以及家长互相介绍教育子女的成功经验，对学校教育和教学工作提出意见、建议等，让家长多了解校情，掌握科学的教学方法。

3. 保障交流渠道的畅通

畅通的交流渠道是家校合作的良好开端，作为学校来说，可采取以下方式加强与家长的交流。

（1）开办家校通讯，可分为校级通讯和年级及班级通讯，其内容可涉及学校工作计划、目标、年级组、班级情况、学生的个性展示、评论、好人好事等。学校通讯可由专人负责，年级、班级通讯可组织学生主办。

（2）自办校报或其他刊物，可以利用其来宣传学校政策、学校新闻，刊登家教知识、好人好事、学生优秀作文、生活见闻等。

（3）开辟家校热线，回答家长提出的各类问题，也可为学生解答学习问题。

（4）利用喜报、便条等形式向家长汇报学生情况，密切学校与家长关系，增强学生自信心。

（5）设家长意见箱，鼓励家长向学校提建议。

对教师来说，要主动地在适当时期走访学生家长，定期组织各年级、班级家长会，有计划、有目的地与家长交流学生的情况。与家长一起分析原因，寻求解决实际问题的方法，促使学生进步。

对家长来说，在学校保证交流渠道畅通的同时，要按照学校的安排主动参与学校活动，如学校听课活动、家长值周日活动等，在教师的指导下，以“家长结对互助”的形式，互相交流，互相提高。

（三）我国家校合作模式的实践与探索

1. 组织召开家长会

在班级管理过程中，班主任应该针对学生家长组织召开家长会，协助班级教育教学活动的实施。

（1）家长会的性质

家长会是中小学在长期的教育实践活动中形成的班级教育与家庭教育相联系并形成教育合力的方式。在家长会上，班主任、任课教师和全班学生的家长，在一起交流班级教育情况、学生发展状况及家庭中有关教育信息，从而取得对学生教育的共识。

（2）家长会的特点和优点

班主任与家长协调的方式是多样的，家长会作为班主任及其他管理者与家长联系的一种方式，其特点表现为家长会是班主任与家长群体进行交流的方式。家长会的优点表现在以下两个方面：

①经济。班主任与家长交流的任务是繁重的，集中交流可以在有限的时间里获得最大的交流信息量。

②可以在家长间进行交流，相互间借鉴家庭教育的经验或吸取教训。

（3）召开家长会的方法

1）做好召开会议的准备工作。

为了确保家长会的成功召开，班主任需要做好如下准备工作。

①根据学校教育教学工作的实际，确定会议目的和会议内容。可通

过召开学校领导班子、班主任会，客观地分析现状，发现促进学生发展的有利因素和制约学生的不利因素，确定主要收集、交流哪方面的信息，共同解决哪些问题并明确分工。

②印发开会通知。一般在会前两周，在通知中应简要通报会议目的、内容、时间、地点，并附学生家长对学校工作的意见、建议栏。会前一周收回，目的在于使学生家长做好充分的准备，落实到会人员，提前收集部分信息。

③以教学班为单位，收集整理学生家长书面意见、建议，归类分析，客观地确定需要沟通解决的问题。

④由班主任和任课教师根据本班情况，准备翔实的发言材料，并做好会议召开的有关准备工作。

2）围绕会议主题，开诚布公，广泛交流，形成共识，增强合力。

家长会上，班主任要紧紧围绕主题，与家长进行全面的沟通，形成合作意识。

①组织安排要全面。领导教师分工明确，学校应由领导负责，任课教师分到各教学班，班主任为会议的主要组织者和中心发言人。另外应安排几名学生，迎接学生家长，指引会议地点，使学生家长一进学校就感受到热情和温暖，这会为家庭和学校教育配合打下良好的基础。

②全面汇报教育教学工作。从学校的教育教学目标、任务，到班级工作的组织落实，向学生家长做全面汇报。如在教育教学工作中，采取哪些措施，组织了哪些活动，收到了哪些成效，教师是怎样教书育人的，学生在各项活动中有哪些突出表现，本班在学校特别在平行班中的优劣之

势等。同时简要介绍下一步的目标和措施，使学生家长对子女所在的学校班级的教育环境有个大概的了解，有助于家长献计献策。

③面向全体，一分为二，全面介绍学生个体发展状况。学生家长最关注的是子女在学校的发展情况。教师应该既肯定成绩，又正视不足。从德、智、体、美、劳等方面具体介绍学生的发展状况，介绍学生发展突出的方面。作为家长，谁不愿意多了解孩子在校的情况？谁不渴望多获取孩子成长的信息？因此，班主任带来的“喜报”能满足家长这一需求。所以不要遗忘任何一个学生。对于后进生，更要介绍其闪光点，肯定其成绩。要使家长了解自己孩子各方面的情况，从而架起新时期家长和学校之间沟通的桥梁。

④全面介绍学校对学生校内外的管理要求，明确提出需要家长协助教育、管理学生的要求。如介绍学校管理制度、作息时间、请假制度，要求学生家长保证学生按时作息。指导家长督促教育学生遵守交通规则，确保交通安全，按时到校；注意观察学生变化，及时发现并纠正其不良行为而切忌护短；要尊重学生的人格，用科学方法教育、引导学生，切忌以简单、粗暴的武力压服而影响学生的身心健康，导致不良的教育后果等。总之，就是要达到学校和家长共同负责的态度，要用正确的教育方法共同塑造学生健康的心态，培养良好行为习惯，激发勇于创新、不懈努力的积极性的目的。

⑤教师与学生家长共同商讨教育措施，教师要设法调动学生的积极性，从中最大限度地了解学生的家庭情况和个人特点。教师要对学生家长提出的意见，做出合理性的说明，表明态度，要提出合理的带有针

对性的问题，进行商讨。如怎样最大限度地扬长避短，把教育理想和现实结合起来，激发学生上进心？怎样做到言教和身教的结合？如何创造良好的学校家庭育人环境？其目的在于把共同关注学生健康成长的良好的愿望集中到科学育人的统一行动上来。

⑥在和谐、愉快的氛围中结束会议。中心发言人应充分肯定学生家长提出的正确意见和建议，总结会议收获，衷心感谢学生家长对学生的教育工作的大力支持，并寄希望于今后多联系和沟通，共同做好培养下一代的工作，让学生家长高兴而来，满意而归，为下次会议打下良好的基础。

3）做好家长会的记录。

每次家长会都要认真进行记录，其目的如下：

①记下家长会上家长反映的情况和提出的意见，以便进一步有针对性地展开工作。

②家长会记录可以用来作为分析和反思的材料，以进一步改进家长教育工作。

家长会记录应该有专门的格式，内容一般包括开会时间、地点、主题、家长到会情况、会议议程及会议过程记录。

2. 适时进行家访

随着信息及网络的发展，人们的沟通方式也发生了变化，但是这并不能取消人与人之间面对面的交流，因此家访对改善教育效果仍然具有重要意义。

班主任通过家访不仅可以直接与家长交换意见，还可以亲自观察家庭中孩子学习的环境，亲自感受学生家庭里的精神气氛与文化修养。班主任在对学生的家庭教育情况基本了解的基础上，不仅可以有选择性地修正学校教育，而且可以有目的、有意识地影响和指导学生的家庭教育，有针对性地指出学生家长在教育中存在的问题，还能将正确的教育方法、科学的教育理论与思想传授给学生家长，通过改善家长的教育方式，来巩固、强化和协助学校教育。

为了做好家访，班主任应充分设计好家访前、家访时、家访后三个环节。

（1）家访前

在家访前这一环节，班主任应做好如下准备工作：

①约定访问时间。教师在进行家庭访问前，应该和家长约定时间，让家长对教师的访问有事先的准备，不至于心慌意乱。

②准备好有关学生表现的各种材料。材料要真实、齐全，这是做好家访工作的首要条件。班主任通过准备材料，进一步熟悉和掌握学生德、智、体诸方面的具体表现，要将学生在学校、年级、班级中所处的位置进行正确的定位，并在此基础上全面、客观、公正地评价学生，避免对学生简单地做出“好”或“坏”的主观评断。

③准备好学生家庭的有关材料。家访前，应通过多种途径对学生的家庭背景、家庭的组成情况、家长的年龄、文化修养、个性特点、教育子女的态度和方法等进行细致了解，并在此基础上制订出不同的家访策略，编制出相应的谈话提纲，避免因对学生的家庭情况一无所知而造成尴尬，以至于无法达到相互沟通、共同教育学生的目的。

④要准备好家访谈话的主题。家访前，班主任要事先规划好谈话的主题，做到有备而来，胸有成竹，避免临场漫无目的，以至于弱化了家访的作用。同时，还应将谈话主题提前采取适当形式通知家长，以便使家长也有时间做好心理准备。而且，这样做也避免了突然造访的不礼貌行为。

（2）家访时。

在家访的过程中，班主任要注意如下问题：

①要注意自己的言谈举止、仪态、仪表。班主任以一个什么样的形象出现在家长面前，会直接影响家长对教师的信任度和尊敬感。同时，谈话时也不能只顾自己滔滔不绝，而不给家长说话的余地。因为家访是双向交流的教育工作，而不是班主任唱独角戏。同时，班主任应以一个坦诚、平等、合作的态度面对家长，在与家长交往中形成一种民主的、和谐的气氛，才容易说服家长并取得家长的支持。只有态度诚恳、善于合作，才能争取到家长的配合。

②要注意避免流于形式，走过场。有些班主任进行家访，是出于一种应付差事的态度，到了学生家里，客客气气，三言两语，对学生的优点和缺点往往模棱两可，缺点提得不尖锐，优点说得不明显。这就使得家长感到家访可有可无。他们既感受不到学校教育的力量，也觉察不出自己在教育中存在的问题。因此作为班主任应以解决具体的问题为目的，以达成一定的协议为效果来进行有效的家访。

③要注意不偏离主题，避免有名无实。家访时，班主任应抓住主题，真正朝着了解学生、教育学生的目的去做，而不应打着家访的旗号，忘却

自己的身份，为一己私利，随随便便拉关系，奉迎讨好家长。类似这种家访给学生教育工作造成的不良影响是极为严重的，班主任以及家长都应戒免。

④要注意家访要面向全班学生。长期以来，许多班主任总是在学生出了问题之后才去家访。而且班主任到了学生家里，往往要尽数学生其“坏”、其“笨”，并往往要做出学生“没出息”的结论，而且还要发出“家长若再不配合，学生就要完蛋”之类的警告。这造成在一些学生及家长的心目中，家访往往同“上家告状”同名。这种做法不仅会损伤家长、学生的自尊心，使家长、学生对家访产生恐惧心理，而且还会给今后的学生教育带来极大的困难，这是极不足取的。因此，班主任应从告状的家访模式中跳出来，以客观、发展的眼光来看待学生，看待家访。同时家访要拓宽内容与范围，要面向全体学生，既要面向“差生”，也要面向“优生”和“中等生”，使全体学生共同提高。

⑤要注意自身的安全。教师实施家庭访问时，应该注意自身的安全事宜，尽量请同事作陪或是请热心熟悉的家长同行。

(3)家访后。

家访之后，并不是整个家访工作完成了，家访是否达到了目的，还应在以后的时间里观察学生的反应和表现，这就要求班主任做到“二反馈”。第一，要将家访后学生在家里的表现情况，让家长及时反馈回来。通过家访，家长采取了哪些教育措施，学生因此而有了多少改变，都应在一段时间后反馈回来。以便班主任据此采取相应的教育方法，来更好地教育学生。这项工作是检查家访目的是否达到的重要手段。第二，要将

家访后学生在校的表现情况及时反馈给家长。通过家访，学生在学校的表现比以往是否有了进步，在一段时间内都应有所反映。班主任应及时将这些情况反馈给家长，以便双方能够更好地协调合作，共同达到教育学生的目的。

此外，教师完成家庭访问之后，应该针对访问重点形成访问记录。如果是属于重点访问的话，应该将访问记录提交给学校领导，让学校校长或主管了解重点家长，以便在必要的时候提供行政方面的支援。

班主任按照上述环节进行家访时，在内容和形式上应该注意与时俱进。这主要是因为：第一，家访是沟通教师、家长、学生三者思想的桥梁。现代的孩子需要学习人际交往，通过老师家访这种面对面、零距离的交流，可潜移默化地培养学生的人际交往能力。第二，家访可矫正家庭和学校教育的不足。家长与教师平时忙于工作，可能对学生的了解呈片面性，家访可使双方直接研讨、分析情况，有利于教育的针对性。第三，家访要适应时代的变化，体现时代精神。教师平时忙可以分别采用“走访”、“信访”、“电访”、“网访”等不同形式。

【案例】

学生进步，教师家访[1]

家访是一项费时耗力的工作，但我却乐此不疲，坚持不懈地做了26年，并且总结出了“生进师访”的激励性家访策略，即“学生进步，教师家访；学生再进步，教师再家访”。这样良性循环的办法改变了“老师家访，学生遭殃”的弊端，家访成了教师的乐事和学生的荣耀。

---

[1] 桂贤娣. 学生进步，教师家访. 人民教育，2007（19）。

我刚工作不久，班上一个男生屡教不改，我决定家访。谁知道，当我拿着他告诉我的家庭住址前往时，却吃了闭门羹。这个门牌号码是错的，显然，学生在跟我耍心眼儿，这说明他拒绝我家访。这件事促使我改变家访策略，变报忧为报喜，变被动为主动。

如今，我每接一个新班，必利用暑假家访，尽快与家长取得联系。开学初在第一时间召开家长会，告诉家长我的家庭电话和手机号码，并宣布我家访的原则：一是“生进师访”；二是家访时间不超过40分钟；三是家访地点在孩子的房间，因为我要查看孩子学习、睡觉等情况。

多年的教育实践使我明白，那些品德、学习不佳的特殊学生和他们的家长，往往是最需要理解、尊重和鼓励的教育群体。作为班主任，一定要宽容、有耐心。

学生小赵成绩不好，尤其是作文，一开始几乎连话都写不清楚。每次，我都力求在他的作文里找几句通顺的话来表扬他。渐渐地，他的作文有了起色。一个周末，我带着他的作文本来到他家，我给他的评语是：“看了你的这篇文章，我很高兴。你已经有了很大的进步。桂老师决定到你家家访，当面感谢你的家长，他们养了一个多聪明的儿子呀！你能在桂老师的班级里，我很幸运！”

小赵和妈妈看了评语，都乐得合不拢嘴。临走时，他妈妈把我叫到一边，悄悄地说：“桂老师，小赵曾有两次拿过同学的文具。我批评他，他都不听。”我吃惊地问：“你怎么不早告诉我？”她流着泪说：“这些事以前我是绝对不会说的。您今天到我家里来，跟我像朋友一样，我也就无话不说。今后我一定全力配合。”

第二天，小赵笑着来交作文本，我看到他妈妈在上面写道："桂老师，您的家访和不一样的评语，都有助于孩子更加自信地成长。上周，小赵捡到了同学的书能主动交还给失主，他的确进步了。谢谢您，我和孩子会继续努力，不辜负您的期望！"

这是一个聪明的妈妈，这些话既是写给我看的，也是写给小赵看的。在这样和谐的教育氛围中，小赵有了更多令人欣喜的变化。

学困生小张自从我家访后，学习的劲头更足了。她自信地说："我要让桂老师多到我家来。"因为担心我家访不方便，她特意送给我一个手电筒。那年除夕，她的妈妈从老家打来长途电话说："桂老师，是您与众不同的家访，使我的孩子抬起了头。祝您一生平安！"

有人问我："如今通讯如此便捷，您为什么还要家访呢？"我说："'小灵通'永远没有人灵通，再发达的高科技也比不上面对面的情感交流。"

3. 给家长的一封信

在班级管理过程中可以运用"给家长的一封信"和家长沟通学校及班级生活状况，让忙碌的家长对学校生活有概括的认识。教师如果有重要且隐秘的事情要家长了解的话，也可以通过给家长的信，告知家长重要的信息。教师在撰写给家长的信件中，应该以鼓励取代打小报告的方式，轻轻提醒家长应该配合之处，尽量避免过于指责家长或一味地指责学生在学校的反社会行为。教师写给家长的信件在内容方面应该包括教师自我介绍、学校重要政策、班级管理理念、家长应该配合的事项、学生的身心发展特征、学期或学年的教学重点、各学科的知识与内容、学校与班级的生活作息、教师与家长的联络方式等。

【案例】

美国加利福尼亚州教育部给家长的一封信

美国加利福尼亚州教育部给即将入学的残疾儿童家长的一份资料袋。它是用硬纸做成一个活页夹，里面装有一张张资料，内容是家长在孩子入学时需要了解的。在活页夹的封面上印有家校合作的图画或照片，下面是“家长可以成为合作伙伴”的字样。夹内首先是一封热情洋溢的“告家长书”。[1]

亲爱的家长：

我们很高兴有此机会与您分享几则好消息——几则对我们全体需要特殊教育的孩子们的家长来说的好消息。今天的教育正在进行激动人心的变革。这些变革正在给我们和我们的孩子一起创造新的机会。我们衷心希望这本为家长而写的小册子能让你更好地了解特殊教育领域中的新趋向。

许多家长为使他们的孩子得到更好的教育，已和教育家和立法机关合作，制订出了州和联邦新的法律——《加利福尼亚特殊教育总计划》和《残疾儿童教育法》。这些法律保障每一个孩子根据他的特殊需要得到免费的、适当的教育。

法律赋予家长权利和机会来参与评估孩子的特殊需要、制订个体发展计划以及促成孩子在学校的进步。在根据每个孩子的特殊需要制订教育计划的过程中，家长和教育工作者是密切的合作伙伴。我们，作为家长，如果要在这一特殊教育的新方法中发挥积极作用，知道除获悉自己的权利外，参与是相当重要的。因此，不要为提问而有所顾虑。教师、校长、医生和社区机构都有您应了解的重要情况。

[1] 林进材. 班级经营. 上海：华东师范大学出版社，2006。

我们必须承认，通过一项法律并不真正意味着一切都能马上到位。各学区之间的服务是不同的。尽管人们发奋努力，但教育体制有时会不尽人意。这正是需要家长们与当地学区积极合作的更充分的理由。我们希望您能利用这一特别的机会，与学校一道塑造您孩子的未来并参与规划所有儿童的福利蓝图。

若想得到更多的信息，请与您所在的学区联系。……

请记住：家长在拥有责任的同时也拥有权利！

家长是学校的合作伙伴！

致以最美好的问候！

（负责人签名）

4. 家庭联络簿的运用

家庭联络簿是学校班级与家长联络的重要渠道，同时也可以提供学生每日生活的重要信息。教师在班级生活中应该妥善运用家庭联络簿，作为和家长沟通的重要渠道。

（1）家庭联络簿的内容

教师在家庭联络簿的内容方面，应该结合班级教学活动的实施。联络簿可以包括如下内容。

①每天班级教学的功课以及学生必须携带的用具。

②教师联络的重要事项，包括赞扬学生在学校的良好表现、在班级中的生活点滴以及家长需要配合之处。

③学生在班级教学中的学习心得。

④教师应该要求家长每天签阅孩子的家庭联络簿，了解学校的重要

记事，以及子女在学校的生活点滴。

⑤教师如果有需要家长配合或是要求学生改进之处，应该尽量以电话联络，避免在联络簿上直接写学生的缺点。

（2）家庭联络簿的批阅

家庭联络簿的批阅应注意如下几点：

①批阅在家长签名之前。教师在家庭联络簿的批阅，应该在家长签名之前。换言之，每天在教室请学生抄完联络簿之后，就应该进行检查签名。这样，一来可以确定学生联络簿抄写是否完整，二来可以将学生的错别字挑出来，请学生及时改进。

②避免在上面写学生的缺点。一般教师习惯在学生的联络簿上写下学生的缺点以及需要改进之处，殊不知，首先接触联络簿的是学生而非家长，如果学生在联络簿上发现教师的评语，因为怕回家被家长惩罚而不敢将联络簿交给家长，反而会失去联络簿的功能。

③多运用鼓励原则。教师应该尽可能在学生的联络簿上写一些鼓励学生的话，让学生可以从联络簿上了解教师对自己的期望。此外，将各种鼓励的话写在联络簿上，可以让学生从中感受到教师的关怀。

④多写一些感性的话。教师在联络簿上的评语可以考虑写一些感性的话，作为鼓励学生的座右铭。同时可以让家长从联络簿的签名中了解教师对学生的用心，以及学校对学生的教育。

⑤给家长提供各种亲子教育常识。教师可以在联络簿上提供各种教育基本常识以及各种亲子教育的基本原理，让家长可以从联络簿签名中，附加学习各种重要且有用的理念。

5. 家长来访

班主任与家长的联系，既可以是家访的方式，也可以是家长来访的方式。家长来访可能有两种情况：一是班主任主动约请家长来访，一是家长主动来访。随着家长对子女教育越来越重视，家长主动来访的情况会不断增加。

（1）班主任主动约请家长来访。

班主任约请家长来访时需要注意的问题有：①非特殊情况不约；②理智、冷静地与家长交流；③形成班主任与家长有效的教育合作。

（2）家长主动来访。

班主任处理家长主动来访时应该注意的问题有：①家长主动来访可能比较随意，班主任应能妥善接待。②家长主动来访，有较强的功利性，班主任应该能正确指导家长的行为，如对家长不合理的要求，应以正确的方式回绝；对送礼者，应坚决拒绝。

6. 家校合作的新模式——"家校e"

"家校e"中的"家"代表家庭，"校"代表学校，而"e"具有教育（education）、电子信息（electronicinformation）、容易（easiness）三重含义。"家校e"的意思就是：利用现代电子信息的技术手段，以最容易的方式把家庭和学校双方融入到现代教育中，实现家校教育合作和教育信息化。

（1）"家校e"的产生：是家校合作的需要在信息社会的创新。

当今社会，由于现代科技的发展，信息的获取越来越便捷，儿童接受教育的途径由过去单一的学校教育扩展到多方位的影响。日益进步、复杂的社会环境要求对孩子们从小进行综合素质教育，包括学习如何收集信息、如何利用信息解决问题等，仅仅依靠学校，教育的任务越来越难以完成。于是，各国在推行教育改革尤其是课程改革时，都将家校教育力量整合、家校教育资源整合作为十分重要的任务提出。

最近几年来，电脑技术、网络技术、通信手段的迅猛发展，给家校合作提供了新的有利条件，关于如何利用现代化媒体手段促进家校合作方面的研究有较大进展。“家校e”教育信息服务系统就此产生了。“家校e”系统为教师、家长、学生三方交流提供了平台，通过信息高速公路可以实现教师、家长、学生的信息互通，达到学校教育和家庭教育的融合。

（2）“家校e”平台的使用是教育少年儿童的科学方法和有效途径。

1）“家校e”改变了家校合作的手段。

以现代科技手段基础建立的“家校e”改变了家校合作的手段。

①学校与家庭合作在空间位置的距离、教师与学生家长寻求学校老师的帮助在时间和空间上的矛盾，都需要有一种简便快捷的交流和沟通方式。有时家长来校找老师，老师恰好又有课；老师请家长来校，是学生和家长最怕的一招；老师走访吧，面向大多数同学是不可能的。一种突破时空限制的沟通交流方式就变得十分必要。

②家校结合更多的时候是教师和家长结合，而实际上这种结合长期以来是一种松散、无序、断断续续的结合。而“家校e”教育信息服务系统则以现代化的网络信息技术为手段，把家庭与学校紧密联系起来，弥补了家校合作双向互动在技术方面的空白，让家庭与学校的结合不受时

空的限制，为教书育人创造了一个全新的空间。

2）“家校 e”开创了家校合作的新领域。

“家校e”的出现使教师和家长突破了空间的限制，开拓了家校合作的新领域和新思路。

①“家校 e”教育信息服务系统带来了班主任工作方式的全新变化，如信息发布方式、个别指导方式、与家长沟通的方式、跟踪管理的方式都因此而发生变化。

②“家校 e”教育信息服务系统为学生自主学习搭建了一个获取信息的平台、与他人互动交流的通道：自主学习有了资料库；自主学习有了参照性；自主学习有了讨论者和指导者。

③“家校 e”教育信息服务系统可以让老师的“手口脑”延伸，“面对面”地为学生提供课业指导。

④“家校 e”教育信息服务系统使学校和家庭双方的地位、教育责任变为平等。也可以使老师、学生、家长三方成为提问的主体或客体，或者是信息的创造者、发出者或享受者。

⑤“家校 e”教育信息服务系统具有网络信息高速公路的功能，同时又有网络不可比拟的安全性，学生在使用时不会接收到任何有害信息。

⑥“家校 e”教育信息服务系统还具有对学生进行及时评价、多元评价的功能，其过程资源、个案资源可以成为记录学生成长轨迹的宝贵资料。

（3）“家校 e”的优越性。

“家校e”具有如下优越性。

①“家校e”互动传真情，增强了教育的人文关怀性。如“家校e”信息平台上的信息内容就很好地体现了这一点。下面是“家校e”信息平台上的留言实例。

a.重要提示类：各位家长，大家好！近段时间街上流行一些网络游戏，这些游戏中夹带了很多黄色打斗动作，如果流传开来将对孩子们的身心健康造成很大影响，所以紧急通知家长们：及时关注孩子们的书包和电脑，确保把这类网络游戏拒之门外，请及时与我们保持联系。

b.评选类：我班将于下周开展班干部的选举活动，希望家长根据学生的具体情况给予一定的建议和指导。本次评选结果将在“家校e”有关栏目公布。

c.活动类：我校决定在11月1日召开全校运动会，班级选拔将在下周进行。请家长在周末期间适度安排学生的活动及控制运动量，以保证充足的体力参加比赛……

d.阶段测验：下周三数学课将进行一次阶段测验，本次测验将重点考查学生在应用方面的能力以及基础知识的掌握情况。请家长督促子女做好复习、总结工作。e.期末考试：学校期末考试定于6月28、29日进行，具体安排为：28日上午语文、下午科学，29日上午数学、下午英语。望各位家长提醒学生认真复习，做好期末考试的准备。

②紧扣实际问题，增强“家校e”教育信息的有效性。

a.学生受益。通过使用“家校e”，从中可以获取大量的资料；提高与人沟通的能力；增强问题意识；锻炼动手能力；养成收集信息的习惯。学生在信息平台上关注：学业方面的信息；活动安排方面的信息；小伙伴

之间的信息。开展“家校e”信息平台上的主题活动，内容十分丰富，如通过文字留言或语音留言可以自主设计多种多样的活动。例如：“我为班级进一言”、“假如我是班长”等；“脑筋急转弯”、“猜谜语”、“难题征答”等；“格言警句欣赏”、“一分钟故事”、“历史上的今天”等。有的班级还针对信息发送的数量和质量开展了“巧巧手”、“妙妙笔”活动，效果极佳。

b.老师方便。“家校e”平台可以让老师“面对面”地为学生提供课业辅导。例如：面对学生的难题征答，老师可以了解学生的需求，同时也可以通过“家校e”平台，提出指导性意见。班主任老师需要的信息：一是要求家长通过“家校e”及时向老师反映学生在家的情况，以便老师有的放矢地进行思想教育；二是积极引导家长在“家校e”上对学校的德育工作、教学工作、学校管理工作提出合理化的建议。

下面是一位班主任通过“家校e”进行班级管理的案例：

中队长每半个月将举手发言有进步的同学名单发布在“家校e”的《班级学情公告》里；班长将守纪律和经常不守纪律的同学记载下来，每半个月将名单发布在“家校e”的《班级学情公告》和《家长留言信箱》上；课代表每一个月将不按时交作业次数最多的同学名单发在“家校e”的《家长留言信箱》里；管理员检查同学（因病除外）带学具、带劳动工具的情况，大扫除的清洁情况，在《班级学情公告》上每半月发布一次信息；也可发布信息表扬积极参加早锻炼活动的同学。这种学生自主管理的模式极大地提高了班级工作的效能。c.家长省心。有家长说，我通过“家校e”了解其他孩子的表现，知道了同龄孩子达到的水平，对教育自己的孩子会更有针对性。通过查看信息，足不出户，家长可以了解关于孩子30多个条目的信息。

由于“家校e”的优越性，很多地方都建立家校互动平台——“家校e”。例如，新华网上海频道2006年8月18日报道：“接收手机短信，就能了解孩子几时离校回家、考试成绩怎样；打开电子邮箱、登录个性网页，便可查看学校最新通知、当天回家作业……本市160万中小学生及其家长和老师都可免费申请专项账号，使用由市教委和市信息委推动实施的‘家校互动平台’，接收和储存来自学校和教育部门的各类信息。除互联网模式外，该平台还提供短信模式。”此外，像湖北、江苏、深圳等地也相继建立了“家校e”系统。

从对家校合作模式的论述中可见，家校合作的有效模式不是一成不变的，它随着社会经济及科学技术手段的发展而不断创新。为了适应不同的教育目的及教育活动，家校合作模式可采用传统方式与现代相结合的形式。

第四节　班级文化管理的评价

班级文化建设不是给人看的形式，而是要切实发挥育人功能的。因此，班级文化建设过程就是对班级文化进行管理的过程，这就需要我们经常性地对班级文化管理进行评价，通过评价进行工作的改进。

一、班级文化管理评价的含义

所谓评价是指评价者依据一定的评价标准，通过对评价对象进行量化和非量化的测量，从而对评价对象做出可靠而合理的价值判断。由定义可知，评价的内涵中至少包含两个本质属性：一是依据或标准，二是判断或测评。首先，评价必须依据一定的标准，标准科学，评价的结果有价值，标准不当，评价的结果毫无意义；其次，评价必须通过测量得出一个结论，或者说做出一个判断。这个通过测量得出的结论可以是量化的，也可以是非量化的。因为，有些评价对象是可以量化的，如学生的学习成绩、学生的智商水平等，而有些评价对象是无法量化的，如学生的思想品德、学生的个性特征等。根据评价对象的不同，评价的标准和测量的方法也随之而不同。

班级文化管理的评价是评价的一种，它以班级文化建设及管理为评价对象，以班级管理目标作为班级管理评价的标准，采用一定的测量技术和方法，以对班级管理目标的实现程度作为班级管理评价的结论。简言之，所谓班级管理的评价是以班级管理为对象，根据班级管理目标，采取一定的测量技术和方法，对班级管理工作过程及效果进行测定，并对班级管理目标的实现程度做出价值判断的过程。

班级管理评价活动分为测量和做出价值判断两个部分。测量即测定效果，包括运用各种方法收集与班级管理目标实现程度相关的事实材料和数据，用以测定班级管理的效果；做出价值判断则是将测量中取得的事实和数据，进行分析比较，判定实现班级管理目标的程度，做出对班级管理的价值判断。测量和价值判断关系密切不可分割，测量是价值判断的基础，价值判断是测量的目的，两者共同构成班级管理评价的基本内涵。可见，班级管理评价的实质就是根据目标测定效果、判断价值。

二、班级文化管理评价的功能

班级管理的评价是对班级管理目标达成程度的判断，评价的目的绝不仅仅为了得到一个价值判断的结果，而在于对前期工作的反思，以及对后续工作有所指导和启示。这样才能使班级管理的评价产生价值的增值，这种增值的作用主要表现在以下几个方面。

（一）诊断功能

班级文化管理工作并不是一件轻而易举的工作，班级工作纷繁复杂、问题众多，在班级管理工作中难免会出现一些问题，从而影响到班级工作有条不紊地进行，阻碍班级的发展，因此，我们必须采取有效的措施，找出失误和问题所在，及时给予更正和调整，从而保障班级管理工作的顺利进行。对班级文化管理工作进行评价可以起到这样的作用：通过评价能够有效判断班级组织的发展状态，更重要的是诊断班级管理中存在的问题。如同医生看病一样，班级工作评价能够帮助班级管理者发现班级组织运行中的困难点、焦点，寻找存在问题的原因，为班级文化管理者管理好班级、促进班级组织的良性运行，提供有针对性的咨询信息。

（二）导向功能

任何工作的开展和进行都需要有一个明确而科学的方向，方向性将会直接决定着人力、物力、财力等的导向以及这些付出的有效性。如果

方向正确，当然付出就能收到应有的效益，但一旦方向错误，轻则造成资源的浪费，重则背道而驰，引起更大的破坏性。在班级管理工作中同样如此。班级管理的评价是依据一定的标准和所要完成的目标所进行的价值判断。班级组织要获得理想的发展，就必然要求班主任和班级同学了解和认同班级组织的发展目标，将发展目标反映在班级的管理中，并不断根据目标要求调整班级的发展状态，为达成目标而努力。这样势必对班级的管理及其组织发展发挥导向作用。

（三）调节功能

从信息论的角度说，班级的管理过程是一个信息输入、转换、输出和反馈、调节的过程。其中反馈和调节实际上也是评价的活动，通过评价提供调节班级管理所需要的信息，班级管理者根据对班级管理评价反馈的信息，对原有的班级工作进行必要的、适当的、及时的调整，使得班级管理保持应有的动态平衡，促进班级组织的良性运行。

（四）发展功能

班级的管理不同于一般的管理工作，其目标是育人，实现学生身心和谐、健康地成长是班级管理的根本追求。所以，就班级管理的本质而言，班级的管理过程就是教育的实施过程，是班级管理者帮助班级中的每个成员依托班级这一组织寻求发展的过程。因此，班级管理的评价应是以促进学生的发展为根本目的，要重视发挥班级管理评价的形成性作用，实施评价的过程就是帮助学生不断认识自我、发展自我和完善自我的过程。

（五）激励功能

激励就是利用某种外部诱因调动人的积极性和创造性，使人有一股内在的动力，向所期望的目标前进。在班级管理工作中，管理者们，无论是在班级管理中起主导作用的班主任，还是作为班级主人的学生，他们在班级管理中都付出了艰辛的努力和辛勤的汗水，他们的工作业绩和表现应该给予充分的肯定和认可，他们的付出应该得到回报，只有这样才能进一步强化班级管理者在班级管理工作中的积极行为和满腔热情，这无疑有利于促进班级工作更上一层楼。班级管理的评价就是要对以往的班级管理工作给予一定的价值判断，表彰优秀的，激励落后的，促进班级管理工作朝着正确的方向顺利进行。

三、班级文化管理评价的类型

根据评价的目的任务不同，班级管理的评价可分为诊断性评价、形成性评价和终结性评价三种。

（一）诊断性评价

诊断性评价是指在班级管理活动开始之前，为了解班级管理工作存在的周期性和规律性情况，以便找到解决班级管理问题的办法而进行的一种评价。这种评价的主要目的是确定产生结果的原因，并提出补救措施。如班级活动的诊断性评价，目的在于了解班级活动的开展情况，以便为开展新的班级活动做准备。

（二）形成性评价

形成性评价是指在班级管理活动过程中，为了了解班级管理工作

的进展或进步情况，用以调节班级管理活动进程，通过反馈信息保证班级管理目标顺利实现的一种评价。这种评价侧重于班级管理工作的改进与不断完善，是“前瞻式”的，可以及时探寻影响班级管理质量和目标实现的原因，以便立刻采取措施加以补正，以免造成难以挽回的后果。

（三）终结性评价

终结性评价是指在班级管理活动告一段落时，对班级管理工作的最终结果进行价值判断的一种评价。这种评价是以预先设想的班级管理目标为标准，对班级管理工作达到目标的程度进行的评价。它的优点在于客观具体，易于服人；缺点在于只看最终结果，容易出现虚假现象，影响评价的可靠性。与形成性评价相比，终结性评价侧重于确定已完成的班级管理效果。

四、班级文化管理评价的内容

要对一个班级的管理状况做出一个公正、科学的评估，首先要明确的是，应从哪些方面对班级进行评价。换言之，就是一个班级的哪些方面最能体现出一个班级的管理状况。班集体相对于国家、行政机构是一个非常小的集体，然而，班级管理工作千头万绪，要创建一个“政治合格、成绩过硬、班风优良、纪律严明、团结有力”的优秀班级并不是一件容易的事。每天，在班级中发生的零零碎碎的琐事、各式各样的纠纷，组成班级的背景不同、个性迥异的学生，以及师生之间、师师之间、生生之间的纷繁复杂的人际关系，由学习内容和学校布置等所组成的物质和精神环境等都能从某一侧面、某一角度、某种程度上反映出一个班级的面貌，从而体现出该班级在管理上的成败、优劣。

可以将班级管理评价的内容概括为以下几个方面。

（一）奋斗目标

“凡事预则立，不预则废”，一个班级如果没有一个明确的、合理的、可接纳的奋斗目标，班级将会迷失前进的方向。因此，在班级管理评价中，首先应该将班级的奋斗目标作为评价的重要内容，并应从该奋斗目标的明确性、合理性和学生的可接纳性等维度对其进行价值判断。

首先，班级的奋斗目标，是班级所有成员的理想和前进的方向，一个积极向上、团结上进的班级，首先应该是一个目标明确的班级。只有目标明确、方向一致，班级的所有成员才能心往一处想，劲往一处使，力量集中，共同进步。

其次，班级的奋斗目标必须是合理的。作为班主任，应结合本班学生的思想、学习、生活实际制订出本班的奋斗目标。对一个班级来说，既要有远期目标，又要有近期目标。特别是近期目标要切合实际，学生易于接近、易于实现，只有实现了一个又一个近期目标，才能引导学生实现其理想的远大目标，并为实现这些目标而努力。所以我们需要发挥整个班级中每个学生的积极性，促使其形成集体荣誉感和责任感。

最后，应从学生的思想和实际行动中考查，该班级的奋斗目标是否在学生中产生了一定的影响力。也就是说，它是否已经融化为了学生的思想，并影响到了学生的实际行动。因为，奋斗目标不应该是一个口

号，或者是一个标语，要想使它实实在在地发挥作用，不但要使奋斗目标本身务实，深入人心，还要与班级管理的其他工作相互配合才能将其落到实处。

总之，在班级管理的评价中，首先应从一个班级的奋斗目标入手，不但要评估其目标本身的科学性和吸引力，同时，还应考查其在班级组织中的实际影响力。

（二）班级管理者

班级管理者是班级管理工作的策划者、实施者、评价者，其既包括教师，又包括学生。在传统的班级管理理念当中，把教师作为班级的管理者，把学生作为班级的被管理者。这种观念显然是有失偏颇的。在班级管理的评价中，学生是否真正参与到了班级管理当中来，这本身就是评价一个班集体管理工作优劣的一个重要的方面。在班级管理评价中，班级管理者自身的素质以及他们之间的相互作用和关系，都能体现出该班级的管理状况。因此，可以从教师特别是班主任的素质、学生的发展、班级中的人际关系三个方面评价班级管理者在班级工作中作用的实现程度。

1. 班主任的素质

在班级管理工作中，班主任的素质和个人魅力时刻教育和影响着学生，班主任在学生心目中的形象，不仅是无字之书，也是无言之教。他们的思德素质、智能素质和身心素质都是影响班级管理工作的重要因素。

（1）思德素质。主要包括思想政治素质和道德素质，可以从管理者的思想政治理论水平、事业心与责任感、教育管理理念、师德修养等方面进行评价。

（2）智能素质。主要从文化知识、专业知识、教育管理知识、观察和表达能力、教学能力、分析解决问题和实际动手操作能力、教育科研能力等方面进行评价。

（3）身心素质。主要从运用身体语言的能力，身心自我调控的能力，身心健康、卫生保健与心理关怀的知识和能力，个性倾向性（审美情操）、意志品质与性格特征等方面进行评价。

2. 学生的发展

促进学生的全面发展是班级管理工作的起点和归宿。因此，学生的发展状况也将成为评价班级管理工作的一个重要的方面。我们主要是通过评价学生在德、智、体、美、劳、心等方面的表现及发展水平，以及学生在这几个方面的发展是否平衡，是否达到应有的水平，从而判断学生各方面的发展。

（1）德育效果。主要考查思想品德及格率、遵守学生守则及行为规范情况、先进表彰情况等。

（2）智育效果。主要考查学习成绩巩固率、人均成绩提高率、学习成绩差生转化率、突出成果率等。

（3）体育效果。主要考查体育课及格率、体育达标率、早操、课间操、课外体育锻炼情况、卫生习惯、身体健康情况等。

（4）美育效果。主要考查音乐课、美术课及格率，审美观、情操、审美习惯情况，文艺活动情况及表演成绩等。

（5）劳动技术教育效果。主要考查劳动技术课及格率、劳动观点与

劳动习惯、劳动形式多样性情况、劳动总结鉴定情况等。

（6）心理健康教育效果。主要考查班级学生的心理健康状况。

3. 班级中的人际关系

班级成员是否具有良好的精神面貌，班级是否形成了互助友爱的风气；班主任与学生、学生与学生之间是否建立了良好的人际关系；班主任与班级科任教师之间是否建立了良好的人际关系；班级的建设是否得到了班级科任教师、学生家长的理解和支持等。这些都是衡量一个班级的管理和发展状况的重要方面。

心理健康的标准[1]

联合国世界卫生组织对健康的最新定义是："健康，不但是没有身体缺陷和疾病，还要有完整的生理、心理状态和社会适应能力。"从这一定义来看，健康的内涵应包括生理和心理两个方面，而且对"心理状态"和"社会适应能力"做了明确的界定，即突出了心理健康的重要性。

学生健康的心理状态，是他们整个身心健康的重要组成部分。现代科学研究表明，学生的心理健康与否，对学生身体健康、身体发育和学习影响极大，对教育教学工作的影响极大。

对在校学生而言，心理健康的鉴别标准有三点。

（1）个人与环境关系和谐。个人与环境的适应是指个人的生理与心理能与环境保持平衡。从个体与环境的关系看，心理健康的标志是：能接受和适应各种心理社会刺激；能习惯地遵守各种社会规范，个人的言行能符合社会要求；个人的需要和欲望能从社会中获得满足，个人具有安全感、稳定感。当环境不能满足个人的需要与欲望时，能积极地去变更环境，驾驭、改造、推动

[1] 《心理健康的标准》，http: //www.pdsedu.gov.cn/show.asp?xs_id=10003345，2010-01-25。

社会向前发展，发挥人的主观能动性。

(2)自我认识正确。正确的自我认识，是指对自己的过去、现在和未来有实事求是的反映与评价，其中特别重要的是对现在的我，如自己的身体条件、经济条件、社会角色、责任等有清楚的认识；现实的自己头脑中的“我”与别人心目中的“我”或客观的我认识出入不大。

对自我认识不正确的人，主要分为两类：对自我估价太高的人与对自我估价太低的人。前者多表现为：狂妄自大，目中无人；幻想太多，眼高手低；脱离实际，自不量力。后者多表现为：妄自菲薄，自轻自卑，多愁善感，悲观失望。两类人都属于心理不健康的人。

(3)人格完整。人格完整表现为个人的需要、动机、欲望、理想、目标与行动协调一致，形成一个统一的整体与环境发生相互作用。

以上三条心理健康标准过于抽象化，可以将这些标准分解为具体化的标准准则。

(1)有与自己年龄阶段特征相符合的自我意识水平和智能水平。能比较正确地认识和对待自己的优缺点。有自尊心、上进心和自信心，有一定的求知欲和兴趣爱好，爱学、会学。

(2)情感健康，情绪比较稳定，比较活泼开朗，经常保持愉快。遇事比较冷静，处理比较谨慎；同情老幼弱小伤残，憎恨坏人坏事；常常向往美好的未来。

(3)有与自己年龄阶段特征相符合的自制力，不易受消极性暗示的诱惑；注意力比较集中；活动性的兴奋或抑制处于正常状态。

(4)有良好的人际关系，心中有他人，不以自我为中心和自私自利，和同

伴友好相处，乐于友好交往，与人为善；有一定的独立性、自主性，不依赖别人，不屈从别人，不嫉妒别人，也不固执己见。

(5)有较好的心理适应能力，能较好地适应变化了的人际环境、心理环境，乐于接受新东西，能够承受日常生活中遭到的不幸。

(三)班级组织的发展状况

班级不是自发的集体，它的发展要经历由低级到高级、由松散到凝聚的过程。班集体是班级组织发展的高级形式。由班级组织的初步形成到发展成为班集体一般要经历三个阶段，即形成期、巩固期和成熟期，在这三个阶段，班级成员在组织系统、心理系统和实践活动系统中表现出不同的特点。

1. 班集体的形成期

在班集体的形成期，集体的特征已经出现，但不很稳定，不时会受到挑战，还需要较多地借助以班主任为首的领导核心的力量。从组织系统方面来看，以班主任为首的集体领导核心已经形成，在集体中有一定号召力，但领导核心的作用主要依赖于班主任个人的威望和能力，其他领导成员的作用尚不明显；组织机构已经建立，组织形式基本健全，能履行一些简单的职能，各组织机构之间的协调、合作程度不高。从心理系统方面来看，班集体目标已经确立，但只被集体中积极分子所接受，还不能成为全体成员的自觉要求；行为规范和必要的规章制度已经建立，但尚未被全体成员内化，不得不依靠制度的约束力；健康的舆论占据上风并能发挥一定的作用，但尚处于较为软弱的状态；有建立在团结互助基础上的人际关系，但还会受到多种因素的干扰。从实践活动系统来看，各项活动对集体成员有一定的吸引力，多数成员能够积极参加，但活动的设计、组织还依赖于班主任；活动有一定的积极效果，但效果并不十分明显。

2. 班集体的巩固期

班集体的巩固期是班集体稳定发展的时期，集体的特征比较鲜明地显现出来、稳定下来。从组织系统来看，领导核心在集体中享有较高的威信，不但班主任，其他领导成员的作用也已经明显发挥，形成了共同决策的局面；各组织机构的协调、合作明显加强，组织机构的职能得到有效的发挥，能胜任较为复杂的管理职能。从心理系统来看，班集体目标为大多数成员所认同，并积极为之奋斗；行为规范的执行越来越靠成员的自觉性。虽然纪律还是必要的手段，但它的约束力的强制性在迅速消退；集体舆论开始发挥显著作用，已经成为一种不可忽视的力量；良好的人际关系得到巩固，团结互助已经成为普遍的风气。从实践活动系统来看，集体活动对学生有很大的吸引力，已经成为学生生活中不可缺少的组成部分。学生越来越多地参与集体活动的设计、组织，班主任已经可以摆脱具体事务而上升到指导地位；集体活动的效果显著增加。

3. 班集体的成熟期

在班集体的成熟期，集体的特征得到充分而完全的体现，集体成员的创造性得到发挥。从组织系统来看，领导核心有很高的权威，各领导成员的主动性和创造性高度发展；各组织机构密切配合，主动承担规定的职能，在活动中有创造性的发挥。从心理系统来看，集体目标被集体成员内化，成员主动承担集体目标所规定的任务；行为规范被成员内化，成为自觉的要求；集体舆论的威力得到最大发挥，能有效地抵御外

界的不良干扰；成员的人际关系建立在共同努力实现集体目标的基础上。从实践活动系统来看，成员个性在集体活动中得到充分、自由的发展；集体活动中包含着集体的智慧，富有创造性；集体活动对成员产生深刻影响，活动效果卓著。

（四）班级环境建设

理想的班级环境，一般包括物质环境和精神环境。物质环境主要指班级的卫生状况。精神环境主要指班级的布置以及班级的风气。良好的环境不仅有利于教学活动周而复始地高效运转，而且能陶冶学生情操，净化学生的心灵，激励学生勤奋学习、积极向上，促使学生全面发展、健康成长。因此，班级的环境建设也是班级管理工作的一项重要内容，在班级管理评价中不容忽视。如，教室的环境布置是否适合学生的成长特点和发展需求，教室的通风、采光、照明、桌椅是否符合卫生标准，教学设备是否能满足教学活动的基本需求，班级的设施是否安全；班主任对每个学生的自然状况是否很清楚，班主任与学生的信息沟通渠道是否通畅，班主任对每个学生的评价资料积累是否能作为全面评价学生的客观依据；班主任是否按计划召开班会，主题班会是否达到预期效果，是否有班级日记，班主任是否每天翻阅日记，班级日记是否发挥了应有的教育作用等，都应成为班级管理评价的指标和因素。

五、班级文化管理评价的指标体系

班级管理评价指标体系是指根据评价的目的，由从班级管理目标中分解出来的不同等级、不同层次、不同方面的指标群及其相应的指标权重和评价标准所构成的集合体。它主要由各级各项评价指标、指标权重和评价标准三个方面有机组成。

(一)班级管理评价指标体系的设计步骤

1. 确定评价指标

评价指标是针对评价对象从评价所依据的目标中分解出来的，是评价所依据的目标的具体化。因此，确定评价指标，首先应确定评价的对象和评价所依据的目标。确定评价对象主要是明确班级管理评价的因素和范围。在班级管理评价中，班级管理评价总的对象是班级管理，又可细分为具体的评价对象。班级管理评价所依据的目标是学校教育目标。其次应运用结构分析法对评价所依据的目标进行分解，形成一个层次清楚、内容全面、条目简明清晰的评价指标体系。分解目标时要注意三点：一是制订出的指标体系不能遗漏任何重要方面的情况，应全面、系统、本质地反映和涵盖评价对象各方面的情况；二是分解出来的每一个指标要确切，以利于评价者理解一致、标准统一；三是在分解的过程中，下一级指标必须构成上一级指标的整体，一系列相互联系、相互依存的指标构成的整体，形成指标体系。此外，在确定评价指标体系时，可以根据本学校的实际情况选择具体的评价内容。

2. 分配指标权重

所谓指标权重，就是表示指标体系中各项评价指标在评价体系中所占的重要性程度，或各项指标在完成、实现整体目标中的贡献程度，并赋予相应的值。这个数值就叫做对应指标的权重，确定权重的过程叫加权。在评价中，只有赋予不同的指标以应有的权重，才能使评价结果正

确反映工作质量的真实情况。目前，确定指标权重的方法，一般靠经验、调查、专家咨询和统计的方法。调查统计法是经验法与统计法的结合，是定量与定性统一的一种方法，比较简便易行。具体做法是把确定下来的评价指标，按级制成问卷。首先把问卷发给有经验的教育工作者，请他们按各级指标重要程度做出判断。然后统计每项指标的得分，并计算出平均分，最后按指标的隶属关系归一化处理，就可以得出每项指标的权重。

确立了评价的一级指标的权重之后，二级指标、三级指标可仍然以百分制权重形式评定或直接以一级指标的权值来对二级指标、三级指标分配权数。

3. 编制评价标准

评价标准包括两个方面的含义：一是指评价指标体系中最低一级指标所包含的主要内容；二是指衡量评价对象达到评价指标要求的尺度，又称“标度”，通常用等级（如优、良、中、差）或量化分数表示（如1.0、0.8、0.6、0.4）。评价标准可以根据不同的分类标准分为不同的种类。班级管理评价标准是根据班级管理目标，通过对班级管理评价内容进行恰当分解后制订出来的，符合评价原则，并具有可测性、可比性的具体规定。主要由三个既相对独立又具有统一性的部分组成：①效能标准，包括效果标准和效率标准。效果标准是指从班集体建设成果，班级学生在德、智、体、美、劳、心等诸方面发展成果和班级管理者对工作规律的研究成果等几个方面确定班级管理评价的效能标准。效率标准是指班级管理者在一定时间内完成的工作量。②职责标准，从班级管理者承担的职责和完成任务的情况确定评价标准。③素质标准，从承担班级管理职责和完成各项任务应具备的条件确定评价标准。

（二）班级管理评价的指标体系举例

在班级管理评价中，评价的指标体系依据评价内容大致可分为评价班级管理者的指标体系、评价班级组织发展状况的指标体系、评价班级环境建设的指标体系等。但由于班级管理评价的各项内容之间有着千丝万缕的联系，它们往往相互渗透、相互影响。如班主任的素质要通过班主任的工作绩效表现出来，班主任的工作绩效又是通过学生的素质、班级组织的发展状况、班级环境建设等方面的情况来考核的。因此，各级学校在设计各自班级管理评价方案时，往往根据自己学校的实际情况，从方便评估的角度设计符合自身发展要求的指标体系。本书为了给学习者更系统明晰地表明班级管理评价指标体系和评价内容之间的关系，是依据班级管理评价的内容列举班级管理评价指标体系的，仅供学习者参考。

1. 对班级管理者的评价

在班级管理中，班级管理者包括教师和学生，教师包括班主任和各科教师，班主任是各科教师的代表，在班级管理中作用突出。因此，班主任和学生的综合素质，以及他们之间的关系，即班级的人际关系和谐水平都可以作为班级管理评价的重要指标。

1）评价班主任素质的指标体系。

评价班主任素质的指标体系如表1所示。

表1　班主任基本素质的评价指标体系

	一级指标	二级指标 评价项目	等级 权数	优	良	中	差	得分	备注
班级管理者基本素质的评价指标体系(0)	A_1思德素质40%	B_1政治理论水平和修养	10						
		B_2责任感和事业心	10						
		B_3教育管理理念	10						
		B_4师德修养、师表作用	10						
	A_2智能素质40%	B_5专业基础知识和知识面	8						
		B_6教育管理知识和科研能力	8						
		B_7观察和表达能力	8						
		B_8教学能力	8						
		B_9分析解决问题和动手操作能力	8						
	A_3身心素质20%	B_{10}运用身体语言的能力	4						
		B_{11}身心自我调控能力	4						
		B_{12}身心健康、卫生保健的知识和能力	4						
		B_{13}个性倾向性（审美情操）	4						
		B_{14}意志品质与性格特征	4						

等级评定中“优”是评定该项目权数的85%~100%；“良”是权数的75%~85%；“中”是权数的65%~75%；“差”是权数的65%以下。

2）评价学生发展状况的指标体系。

评价学生发展状况的指标体系，如表2所示。

表2　学生发展状况的评价指标体系

	一级指标	二级指标 评价项目	等级 权数	优	良	中	差	得分	备注
班级学生发展	A_1 德育效果 20%	B_1思想品德课及格率	9						
		B_2遵守学生守则、行为规范	8						
		B_3先进表彰	8						
	A_2 智育效果 20%	B_4学习成绩巩固率	5						
		B_5人均成绩提高率	6						
		B_6成绩差生转化率	6						
		B_7成绩优秀人数提高率	5						
		B_8突出成果率	3						
班级学生发展	A_3 体育效果 20%	B_9体育课及格率	6						
		B_{10}体育达标率	6						
		B_{11}早操课间操、课外体育锻炼	5						
		B_{12}卫生习惯	4						
		B_{13}身体健康情况	4						
	A_4 美育效果 20%	B_{14}音乐课美术课及格率	7						
		B_{15}审美观、情操、审美习惯	7						
		B_{16}文艺活动情况	6						
		B_{17}文艺表演成绩	5						
	A_5 劳动技术教育效果 10%	B_{18}劳动技术课及格率	3						
		B_{19}劳动观点、劳动习惯	3						
		B_{20}劳动形式多样性	2						
		B_{21}劳动总结鉴定情况	2						
	A_6 心育效果 10%	B_{22}学生心理健康情况	10						

3）评价班级人际关系状况的指标体系。

班级人际关系的测评可以通过对全班学生的“择伴问卷调查”获取数据，计算班级组织内的积极情绪扩展指数、消极情绪扩展指数、内聚力指数、离散性指数、参照性指数等，以此判断班级的人际关系状态。

（1）择伴问卷调查[1]

表3所示为班级人际关系状况调查表。

（2）班级组织人际关系指数计算

班级组织人际关系指数的计算，主要根据以上介绍的“择伴问卷调查”的结果及其统计所获得的数据进行计算。

①班级组织内积极情绪扩展指数的计算公式为：

$$积极情绪扩展指数=\frac{班级成员对其他成员的选择数之总和}{[班级成员人数（班级成员人数-1）]}$$

计算结果的数值在0～1之间。数值越大，说明班级组织内的支持性气氛越浓，正向交往的人数越多。

②班级组织内聚力指数的计算公式为：

$$内聚力指数=\frac{班级成员相互选择的总数}{[班级成员人数（班级成员人数-1）]\div 2}$$

计算结果的数值在0～1之间。数值越大，说明班级组织的内聚力越强。

[1] 吴康宁：《教育社会学》，北京：人民教育出版社，1998.

表3　班级人际关系状况调查表

选择数 被选择数	A	B	C	D	E	F	G	H	I	J	被选数	被拒数
A		(+)		+		+		(+)	(−)		4	1
B	(+)			(+)				+	(−)		3	1
C		+			−		+			+	3	1
D	+	(+)	+		+	(+)	+	+	−	(+)	8	1
E						(+)	+				2	0
F	−			(+)	(+)		−		(−)		2	3
G		+							(−)		1	1
H	(+)		−	−	−		−		−		1	5
I	(−)	(−)	−		−	(−)	(−)			(+)	1	6
J			−	(+)		−			(+)		2	2
选择数	3	4	1	4	2	3	3	3	1	3	27	
拒绝数	2	1	3	1	3	2	3	0	6	0	21	21
互选数	2	2	0	3	1	2	0	1	1	2	计14	
互拒数	1	1	0	0	0	1	1	0	4	0	计8	

③班级组织参照性指数的计算公式为:

$$参照性指数=\frac{班级成员相互选择的总数}{所有班级成员选择他人的总数\div 2}$$

计算结果的数值在0～1之间。数值越大，说明班级组织成员对其他成员的参照性价值越高。

④班级组织内消极情绪扩展指数的计算公式为：

$$消极情绪扩展指数=\frac{班级成员对其他成员的拒绝数之总和}{[班级成员人数(班级成员人数-1)]}$$

计算结果的数值在0～1之间。数值越大，说明班级组织内的防范性气氛乃至攻击性气氛越强，负向交往的影响面越大。

⑤班级组织内离散性指数的计算公式为：

$$离散性指数=\frac{班级成员中未被任何人选择为交往对象的人数}{班级成员的总数}$$

计算结果的数值在0～1之间。数值越大，说明班级组织的离散性程度越高。

2. 对班级组织发展状况的评价

对班级组织发展状况进行评价要采用班级组织发展水平指标体系，如表10-4所示。

表10-4　班级组织发展水平指标体系[1]

A-1结构要素	B-1集体目标	C-1班集体教育目标 C-2班集体管理目标 C-3小组自我教育目标 C-4个人学习目标 C-5集体目标方向性与参照度
	B-2组织机构	C-6班委会组织 C-7团队组织 C-8小组建设 C-9非正式组织 C-10组织机构开放性与有序度
	B-3集体纪律	C-11学生守则 C-12课堂纪律 C-13日常行为规范 C-14社会公德 C-15纪律自觉性与自由度
	B-4集体舆论	C-16主导舆论及阵地建设 C-17社会文化信息加工 C-18对待不同意见 C-19评价活动 C-20舆论正确性与认同度
	B-5管理功能	C-21规范管理水平 C-22目标管理水平 C-23质量管理水平 C-24自我管理水平
A-2教育功能	B-6教育功能	C-25思想政治道德素质 C-26科学文化素质 C-27审美艺术素质 C-28劳动技能素质 C-29身心潜能素质
	B-7发展功能	C-30个性倾向性 C-31个性心理特征 C-32个性自我调节水平

[1]　吴康宁:《教育社会学》, 北京: 人民教育出版社, 1998.

3. 对班级环境建设的评价。

对班级环境建设的评价要采用班级环境评价指标体系，如表10-5所示。

表10-5 班级环境评价指标体系

	一级指标	二级指标	三级指标	等级					得分	备注
班级环境	物质环境	室内卫生		权数	优	良	中	差		
		室内布置								
	精神环境	学习风气								
		班级舆论								

班级环境评价指标体系的三级指标以及权数可根据不同学校的具体情况以及对班级的具体要求设定，因此，在这里不加以详细列举。

六、班级文化管理评价实施的原则

建立常规的班级管理评价体系，设计班级管理评价方案是做好班级管理评价工作的前提条件和前期准备，能否科学地、有效地将班级管理评价工作落到实处，产生实效，最终还要看班级管理评价工作的具体实施情况。班级管理评价的实施主要涉及班级管理评价实施的原则、办法以及程序等问题。班级管理的评价要具有科学性和实用性，必须遵循以下原则。

（一）主体性原则

主体性原则是指在班级管理评价中，要尊重学生的主体地位，注意调动学生参与班级管理评价的主动积极性，因为班级管理评价的目的是为了实现班级管理的目标，即通过评价，促进和实现学生的发展。而在班级管理中，是否得到发展，学生最清楚、最有发言权。因此，班级管理评价应该让学生参与其中来，使学生成为评价的“主角”，让学生发表自己对班级管理工作的想法和要求。否则，没有学生参与的评价是片面的评价，得出的结论是不可信的。

（二）整体性原则

整体性原则是指评价时要把班级管理工作作为一个有机整体来看待，要尽可能全面地了解班级学习、生活状况，深入地了解班级学习、生活状况中的各项措施和活动对学生个体和班集体成长的价值，并全面探讨这些因素所拥有的教育意义。例如，在考查学生班级活动时，不仅仅看班级活动开展的次数，更强调活动内容对学生成长是否真正有意义，活动形式是否真正有利于学生的参与，活动过程是否对每一位学生都产生了教育效果。

（三）发展性原则

发展性原则是指用发展的眼光对班级管理工作进行评价，建立以促进学生全面发展为目标的班级管理评价理念和体系。在评价过程中，既要关注每一个班级可能拥有的成长机会，而不是以整齐划

一的标准简单地要求各班学生，又要考查具体班级的发展历史，探讨班级未来的发展方向，更要关注每一位学生个体具体获得的成长机会。

（四）操作性原则

操作性原则是指在制订班级管理评价指标体系时，应尽可能地将班级管理的目标与任务分解成若干可操作的评价指标，力求简要易行，切忌烦琐，使评价者与被评价者都能了解评价的标准，以便促进班级管理评价工作的开展。

（五）导向性原则

班级管理评价指标体系一旦确立，在实践中就像指挥棒一样，起着指明管理者努力方向的作用。为发挥评价指标体系的导向作用，把班级管理工作引导到实现班级管理目标上来，建立的评价指标体系要与班级管理目标一致，避免出现方向偏差或分散。

七、班级文化管理评价实施的方法

班级管理评价实施的方法具体是指在评价过程中设计评价指标体系的方法、收集评价资料的方法、分析评价资料的方法和进行价值判断的方法。设计评价指标体系的方法在前面介绍过，这里只介绍后三类方法。

（一）收集评价资料的方法

评价资料的收集是评价赖以开展的前提和基础。收集班级管理评价资料的方法很多，常用的有观察法、调查法、测验法、个案研究法、文献研究法等。其中调查法又包括问卷调查、调查表调查、访谈调查、座谈会调查等。在这些常用的方法中，既有定量的方法，又有定性的方法，如观察法和访谈调查就是比较典型的定性方法，而测验法和问卷调查就是典型的定量方法。这里需要明确和加以澄清的一点是，定性和定量的都是科学的方法，都必须以客观事实为依据，决不能认为定性的方法等于主观思辨。

（二）分析评价资料的方法

收集来的资料必须经过整理分析后才能成为对班级管理进行价值判断的依据。分析班级管理评价资料的方法通常有定性分析法和定量分析法。定性分析法是对收集来的并经过整理的反映班级管理工作状况的文字资料进行性质特点或变化原因、变化过程分析评估的方法。其基本方法是哲学上的思辨方法，具体包括比较分析法、系统分析法、因果分析法、归纳与演绎法、分析与综合法等。定量分析法是对收集来的并经过整理的反映班级管理工作状况的数据资料进行量的特征和变化态势分析评估的方法。主要包括指数法、累积分数法、统计分析法、综合评判法等，其中最常用的是统计分析法。

（三）进行价值判断的方法

评价的关键在于价值判断。在进行价值判断时，根据所选取的用于对照的价值标准的不同，价值判断的方法可分为相对评价法、绝对评价法和个体内差异评价法。相对评价法是指在某一学校内部将学校中所有班级管理工作的平均状况作为基准（常模），评价每个班级的管理工

作状况在学校所有班级管理工作中的相对位置，也称常模参照评价。其特点是根据评价对象的整体状态确定，只适用于所选定的评价对象的学校内部，对其他学校未必适用。如某校某班主任的主题班会搞得好，学校组织评优活动，便可以之为参照，让该校每位班主任自选一个主题班会或分别做内容相同的班会，请有关人员来评价，经过比较，凡是接近或超过作为参照的那个主题班会的都作为优秀的主题班会。这种评价就是相对评价。绝对评价法是指以预先制订好的教育目标为评价标准，评价每个对象的达到程度，也称目标参照评价。其特点是在评价对象的学校之外，确定一个标准，这个标准被称为客观标准。在评价时，要把评价对象与客观标准进行比较，不需要考虑评价对象学校的整体状况。如评选区、县、市、全国优秀班主任，依据教育方针和德育大纲，参照班主任应具备的基本素质和完成职责的情况进行评定时所采用的就是这种评价。个体内差异评价法是把被评价集体中的个体的过去与现在相比较，或者个体本身的若干侧面进行比较。如一个班主任的基本素质可以从政治思想表现、业务理论文化水平和工作能力等方面进行考查，考查之后可以清楚地知道该班主任的素质在哪一方面较好，哪一方面不足。

八、班级文化管理评价实施的程序

班级文化管理评价是一项系统工程，是一项技术性很强的工作，有其自身的活动程序。因此，班级管理评价只有按照一定的操作程序进行，才能保证班级管理评价的质量。班级管理评价大体上可分为准备、实施、总结三个阶段。

（一）准备阶段

做好评价准备是进行班级管理评价的前提和基础。班级管理评价的准备阶段也称预备阶段，是指在评价实施前进行的组织准备、方案准备和舆论准备。

（1）组织准备

班级管理评价的组织准备是指成立专门的评价领导机构和评价工作组，制订和审核评价工作的计划，建立评价工作的规章制度和对评价人员的考核奖惩条例等，并对评价人员进行业务和规则培训。

（2）方案准备

班级管理评价的方案准备是指评价前，评价者对整个评价过程进行全面规划和对主要工作进行合理安排，主要解决为什么评，由谁来评，评什么，怎样评的问题。评价方案的核心是解决评什么和怎样评的问题。评什么依据的是学校教育目标及其分解的评价指标，怎样评是在评什么的基础上，设计评价的标准及其量化统计方法。

评价方案准备要完成的任务和经过的程序为：①确定评价对象和评价目标；②设计班级管理评价的指标体系；③根据指标内涵选定信息资料收集和结果评价的方法；④制订好评价所需的各种文件材料。

（3）舆论准备

班级管理评价的舆论准备是指在评价实施前，对被评价者进行广泛、深入的宣传动员，调动被评价者的参评积极性，赢得被评价者对评价工作的支持和配合。

（二）实施阶段

班级管理评价的实施阶段，主要是评价人员根据评价的指标和标准，去收集、整理和分析反映被评价者达标状况的信息资料，进而做出定性或定量的评价结论。它是整个评价过程的中心环节，包括以下几个阶段。

（1）收集评价信息资料

收集评价信息资料是一项基础工作，班级管理评价者要根据评价指标体系，确定信息资料收集的范围，选择信息资料收集的途径，运用多种手段和方法，全面、客观、真实地采集评价信息资料，为科学评价做好铺垫。

（2）整理评价信息资料

整理评价信息资料也就是对收集的信息资料进行检查、分类、汇编或统计。检查，就是对所收集的评价信息资料的真实性、准确性、完整性进行考察和研究，以确保资料的可靠性和有效性。分类，就是根据评价信息资料的性质、内容或特征，将相同的或相近的资料归为一类，将相异的资料区分开来的过程。汇编是对分类后的定性资料进行汇总和编辑；统计是对量化的原始数据资料，按评价标准的要求进行统计或标准化处理。

（3）计量评价结果

计量评价结果是指根据评价的信息资料，比照评价指标的标准，判定被评价者在每项指标上的达标等级，并根据一定的数学法则或数学模型，计算被评价者单项指标的评价值和所有指标的综合评价值。

(4) 撰写评价报告

撰写评价报告就是以书面的形式对整个评价工作进行概括和总结。撰写评价报告一般分为两个层次：一是各专题评价小组编写的专题评价报告，二是评价领导小组撰写的综合评价报告。

（三）总结阶段

班级管理评价的总结阶段也就是对评价结果进行纵横比较，反馈评价信息，总结经验，表彰先进，诊断问题，使其充分发挥班级管理评价的功能。

班级管理评价总结阶段的主要工作有：第一，对班级管理评价本身进行质量分析，包括评价方案的检验、修改和评价实施过程，结果的信度、效度检验，及时修正发现的问题和出现的误差；第二，总结经验，表彰和奖励先进评价工作者，分析和诊断存在问题的成因，提出解决问题的办法和改进工作的途径；第三，对评价的方案计划、总结报告以及各种数据资料及时分类、编号、建档、储存，以便为教育工作查证参考，为教育政策的制订、教育科研的开展提供依据和材料。

【案例】

改革学生评价制度　焕发班集体生命活力——班级评价改革实例[1]

随着新世纪的到来和素质教育的深化，班集体建设在学校教育和学生素质发展中的地位越来越重要，班集体建设无论在理论还是实践方面都面临挑战，需要开拓创新。因此，焕发班集体的生命活力成为新世纪班集体建设

[1] 陈洪：《改革学生评价制度 焕发班集体生命活力》，http://fzxpj.cersp.com/XSPJ/chzh/200704/2429.html，2010-01-25.

创新的新倾向。

小学生正处在身心成长的重要时期，作为班集体，它是一个具有自我教育能力的特殊主体，它有自己的需要、情感态度和价值追求，具有自己独特的文化、关系和行为方式。它处在不断的发展和完善当中。具有自己的个性、成长节奏和规律。一个良好的班集体应该是可以满足个体精神上的追求，得到关爱，能较好地与同伴交流，学生敢于承担责任，相互合作，能表现自己的个性和创新能力；另一方面，学生通过共同创造的自己集体的文化，并接受集体文化的熏陶，逐步实现个性的社会化。

由此可见，班集体的作用尤其重要，旧式的班级学生评价制度往往局限于一纸考试成绩、一张报告单或班主任的几句评语。这些评价有太多的局限，很难讲清学生的具体情况，并给学生一个合理的评价。

因此，改革班级学生的评价制度尤为重要。现有的教育机制对班级管理提出了更高的要求，它要求班级建设的个性化、班级管理的人性化。下面谈几点关于班级评价制度改革的一些肤浅的看法和几点做法。

一、班级评价制度的几点倾向

第一，改革班级学生评价制度要以促进学生的发展作为目的。无论什么样的班级评价制度都应该以促进学生的身心发展作为目的，让学生在评价制度的促使下更加健康迅速地发展，使他们在德、智、体几方面得到合理有序的发展，使班级发展得到良性的循环。

第二，要随时关注学生评价的发展功能，要与时俱进。在制度应用的过程中，要时刻注意学生评价的发展功能，并在应用的过程中不断加以改进和完善。

第三，淡化分数评比。在对学生进行评价的过程中要淡化分数评比，尽量少用按分数高低论英雄的办法，分数高低只占评比的一个方面，应该多方位、多角度评价一个学生，尽量做到全面到位。

第四，倡导多主体参与的学生评价。评价学生时最好采用多主体参与的学生评价，评价应该既有老师也有学生，既有学生个体，也有团体，既有班主任也有任课教师，既有班干部也有一般学生，同时也有家长参与的多方面的评价。

第五，在评价中要关注学生的个体差异。评价的过程中，要注意，每一个学生个体都有自己的个性差异，我们允许这种差异的存在，并且对他们采取合理的公平的评价。

第六，采取多样化的评价方法。在评价时忌讳采用单一的评价方式，方法要多种多样，以便做到对学生的合理评价，促进学生健康成长。

二、在改革中的几点尝试

（一）考试科目的评定采用："百分制+等级+特长+评语"

（1）百分制，是指对语、数、英等原有考试科目的评定，仍实行百分制。过去应试教育的偏差不是考试记分的本身，而是在考试的目的。明确：考试是一种检测学生学习效果的有效手段，考试分数仅仅是了解学生掌握知识情况、教师教学得失，从而改进教学的依据。

在这一思想的指导下，考试以后，不排学生名次，只要求教师做好分析试卷，找出薄弱环节，并认真讲评试卷，为学生补上缺漏的知识。在考试命题上，注意测试的评价目标层次与教学大纲要求层次相一致，力求体现教学目标、培养目标，注重考查学生掌握知识和运用知识的能力。在试题的内容上，做到覆盖面广，难易适度，编排合理。

(2) 等级评定。是把德、智、体诸方面的要求具体化为五项素质，对每项分别给予优、良、中三个等级。每月对照五项素质要求中的各个子项目，对照学生行为进行评定，等级为优、良、中。评定的步骤分别为自评、集体评、任课教师评、班主任评、家长评五个方面相结合。经逐层评定得出每个子项目的等级。分别评出每周之星，每项素质中有四个以上的子项目达到“优秀”就可以定为“优等”。

五项都评为优等就是“五星级红花少年”，依次类推为“四星级”、“三星级”红花少年。等级评定方法，克服了过去一张试卷定乾坤的弊端，使学生可以在若干方面争得优秀、良好。既发展个性特点，又提高了综合素质。同时，锻炼了学生的判断能力，培养学生批评、自我批评的民主作风，便于形成集体的正确舆论和关心他人、团结互助的好风气。

(3) 对学生个人特长的认定。学校每学期都要围绕德、智、体、美、劳开展各项活动，为学生设计许多表现自己展示才能的舞台。并且把这些活动同“五星评比活动”相结合。每开展一项活动，都设立一定数目的“奖章”，如体育节活动，我们就设“体育章”、“艺术章”，学习竞赛活动就设“学习章”，生活自理比赛就设“自理章”。活动结束后评比、总结、奖励。学期终结时，在“五星级优秀学生”活动和“五星争章”活动中评出的特长生中，结合校内外综合表现，评出本学期本班的“三好学生”及“单项积极分子”。每学期的奖励面要大，以便增强班级凝聚力。

(4) 评语评定。我们每年要对学生进行评语评价。教师要改革评语，不写评判式的评语，而是抓住学生德、智、体、美、劳诸方面表现特长的闪光点，用第二人称的写法，用充满激励性的语言，肯定学生的优点，鼓励学生克服缺点，保护学生的自尊心。如对一个爱好体育运动，但课堂注意力不集中的学生，老师的评语是：某某同学，在运动场上常常能看见你矫健的身影，你曾为学校、为班级争过光，我们以你为荣，同学和老师感谢你。如果，在课堂上你能开动脑筋，专心听讲，不做小动作，你的思维一定会像在运动场上一样敏捷，成绩会更好。这样的评语既写出了学生的特点，又亲切易接受，还使学生受鼓舞。同时也拉近了老师和学生之间的距离。

通过对学生的综合评价，使每个学生能客观地分析自己，使教师、家长能正确评价学生，从而有利于教育观的转变，有利于家长从只求高分不管能力的困境中解脱出来，有利于学生从重负中解脱出来。为素质教育的全面实施创造了条件。在实施中提高了教师和家长对素质教育的认识，克服了过去单一地用学习成绩评定学生好坏的弊端。使学生认识自己，发展个性，显示才能，班级里会涌现出许多有个人特长的学生。另外，还会大大增强学生争先进、争星级的积极性。

学生学会了正确评价自己，约束自己。我班吴某经过五项素质评比，在自我批评的基础上又加上大家评议，使其认识到危害性，产生了改正缺点的决心，言行有了很大转变。还参加了学校田径队，训练认真能吃苦。在校外有事能主动跟老师联系，请求老师帮助解决。学生集体自律精神和主人翁精神增强了，校园文明行为多了，自觉做好事的人多了，违反纪律的人少了，班风班貌改变了，学生综合素质提高了。个人的单项特长会促进全面发展。改革学生评价制度，推动了全面工作。

（二）应用成长记录袋

成长记录袋具有以下一些性质与特点：

(1)成长记录袋的基本成分是学生的作品。

成长记录袋中所保存的资料应该是学生一学期或几学期的有关资料,它所记录的是学生成长过程中的有关表现、所作所为或学生在记录期间的成绩或学生的各门学科的进展情况,或学生的手工制作的作品,等等。

(2)作品的收集是有目的、有计划的,而不是随机的。

作品的收集是教师在学生成长过程中为其收集的,它应该是有目的、有计划,为学生的良性发展而收集的,一切都是为了学生的发展而准备的。并不是随机抽取、毫无计划的。

(3)成长记录袋关注学生学习与发展的过程。

成长记录袋关注和跟踪学生的成长和发展,它注意学生的学习和发展的过程,注重对过程的评价,而不仅仅是一次性的评价。让学生更有学习的信心和毅力。

(4)成长记录袋尊重学生的个体差异。

每个学生的发展由于学生的个体不同,其发展也有一定的差异,成长记录袋在记录的过程中不会对学生评价有一刀切的现象,尊重学生的个体发展的差异。

(5)成长记录袋提供给学生发表意见与反省的机会。

教师要对成长记录袋里的内容进行合理的分析与解释。

(三)对学生个体开出优点单

利用班会课让学生们相互寻找其他同学的优点,并把它们都记录下来,张贴在每个同学的照片边上,对该同学进行优点介绍。让学生充分拥有自信,并在这种自信的鼓舞下不断进行自我完善。

（四）对班级小组进行流动评价

把班级分为若干小组，分别由小组长负责，在纪律、卫生、学习等方面展开竞赛，并在周末以流动红旗的方式表彰。这样使学生增强了集体荣誉感，同时还激励了学生进行竞争，考验了他们的合作能力。

当然，班级建设对于不同班级的学生和不同的班主任又有不同的方法，我们必须从班级的实际情况出发，注重发挥集体的自主性和创造性，同时也要考虑某些传统制度的可行性，在合理继承的基础上制订适合新时期发展的评价措施，实现班级建设的个性化、班级管理的人性化。相信通过师生的努力，我们一定能让自己的班级焕发生命的活力！

第五节　班级文化建设中突发事件的处理

【案例】

一次意外事件[1]

一天下午的最后一堂课，我指导学生写试卷分析，放学时检查合格后方可回家。下课铃声响过，我宣布放学，但那些未检查完和未按要求做的学生得留下来接受检查。十几个学生争先恐后地围着我，我接过郑的作业一看，还没做完，便说："这道大题你没做，做完了再给我检查。"没两分钟他又来了，我接过一看，他在每道小题上都只写着"根据题意"，我便说："怎么能这样做

[1]　周娴华，周达章编著．走进学生的心灵——班主任工作案例新编．南京：江苏教育出版社，2006．

呢？你等我把别人的试卷检查完了再给你说吧!”说罢，接过另外一位学生的作业本。正在此时，只见郑转身将自己的作业本狠狠地扔在地上，并重重地踩了两脚，高声吼叫道：“我不会做，我就是不会做！烦死了！”然后拾起地上的作业本跑到教室后面去了。

一会儿，他打开窗户跳上去，骑在窗台上，一条腿放在里面，一条腿放在外面。当时教室里做清洁的、整理书包的、写作业的同学都惊讶地看着这一幕。我吓得两腿直发抖，真是目瞪口呆。此时，任何的批评或启发帮助，肯定是没有作用了。

看着郑骑在窗台上，还摇头晃脑、嘴里直嚷嚷的样子，我心里可是焦急得不得了，这可是四楼啊！万一掉下去……我真的不敢往下想。在焦急中突然我用温柔又清楚的语气对他说：“郑，你的作业不是做得很好吗？你看你的第四道题很有新意，我是想叫你留下来一起讨论一下解题的思路，既然你现在感到身体不舒服，那你先回去吧!”说着还特地说了一句：“小心，不要把这漂亮的衣服让窗钩给钩破了。”谁知道，他仍然骑在窗台上，毫无反应。这时，刚好有一位学生走过来，问我一道题，而这道题恰恰是郑做对了。于是，我顺水推舟说：“这道题怎么做，你去找郑吧，他做得很好。”接着对其他同学说：“同学们，今天的作业就检查到这里，大家赶快回家吧。”

只见这个学生早已心领神会地擦掉自己的答案，拿着作业本走向郑，边说：“快下来，我们一起回家吧，顺路把第四题给我讲一讲。”这时，我见郑虽然坐着未动，但脸上的表情已经由暴躁、厌烦转为温和，我赶紧对一个同学高声说着“再见”，从前门退到外面。郑见我走出教室，也就跳了下来，那个学生帮他拿着书包，一起走了。

他们走后，我胆战心惊地在教室里坐了很久。几位善解人意的女生安慰我，说一些"老师你没错"、"他是一个脾气暴躁的人"之类的话，可我依然不能原谅自己！为什么不细心地观察一下他的脸色，为什么不了解和关注一下他当时的心情和需要呢？如果发生了意外，一个鲜活美丽的生命差点因为几道作业题而夭折了！

第二天课间操罢，我找郑谈话，问他原因，他说："自己一下午心里都很烦，大概是中午没吃饱吧。试卷分析老师虽然讲了，自己却没有听进去，还对老师发那么大的脾气，觉着自己犯错了，心里就更加烦，于是就跳上窗台，是不是要跳下去或会不会掉下去当时没考虑。不过老师为我好，我还是体会得到的。老师，真的非常非常对不起你。"我只好笑笑，说："昨天你吓死我了，今天罚你课外活动陪我打乒乓球吧！"他怔了一下，郑重地说："老师，谢谢你原谅我，我保证以后再也不那样做了。"然后不等我说话，转身走了。看着他离去的背影，我默默祈求上帝，愿他给我更多智慧和胆量。

在这以后的日子里，我们遵守彼此的约定，每星期三和星期五下午课外活动他准时教我打乒乓球。一开始我们似乎都有一种"心怀叵测"的谨慎，但游戏就是游戏，他总忍不住对我糟糕的打法和郑重其事的态度报以大笑，我也情不自禁地对他的夸奖和我的进步还以幸福的微笑。我们边打边聊天，网络、生活、父母、同学、作业和学习，无所不包而不刻意而为，真的快乐而惬意。也许是无为而为吧，不到一个月，同学们都夸我球技大长，郑的性情也大变。更可喜的是，班上因此而出现了一批乒乓球"教练"和女乒乓球爱好者，而郑在学习上也有了很大进步，少了一些反感和烦躁，我们都从对方身上找到了赖以前进的动力。而这次意外事件，在我做班主任工作的经历中留下了永远

难忘的记忆。

在这个案例中，我们可以感受到突发事件发生的突然性和紧迫性。如果教师处理不好，有可能就会发生校园惨剧！同时教师也能够分析出突发事件发生的原因，既有学生自身脾气暴躁，情绪易激动，也有教师对学生情绪变化的疏忽。而教师在事发时能够用学生的优点来稳定学生的情绪，在给学生寻找“台阶”的同时主动回避学生以消灭学生的“火源”，从而有效地处理了突发事件。在以后的善后教育中，班主任能够主动和学生交往，选择学生的特长为突破口，发掘学生身上的闪光点并给以表扬和鼓励，创建了平等和谐的师生关系，在寓教于乐中促进了学生的发展，教师自己也受益颇多，实现了“教学相长”。

在班主任工作中，由于学生及环境的多样性和复杂性或者班主任自身因素，经常会产生一些比较棘手的突发事件，突发事件处理如果不得当，不仅会造成教师的威信下降，造成班级管理的困难，同时也会对学生的身心发展带来负面影响。因此，为了促进班集体的建设和学生的发展，我们每位教师需要掌握班级突发事件常见的类型和形成原因，学会对突发事件进行处理和善后，从而使突发事件对学生的不利影响降到最低，或者以突发事件为契机，从中寻找到对班集体的建设和学生身心发展有利的因素，化不利为有利，化消极为积极，以促进班集体的建设和学生的发展。

突发事件是和日常的事件相对应的带有突发性、偶然性、破坏性的事件。班级中经常会发生各种突发事件，和日常管理相比，对管理者的智慧和管理素质要求更高。

一、班级常见突发事件

班内常见的突发事件纷繁复杂，多种多样，一般大都具有成因的不定性、出现的偶发性和突然性、发生的经常性和客观性、教育处理的紧迫性等特征。根据事情的性质与表现，大体归纳为如下9种。

（一）人际分歧

班级是一个小型的社会化组织，在班级中会产生不同类型和层次的复杂的人际交往。从交往的活动主体看，主要有教师和学生个体之间的交往、教师和学生群体之间的交往、学生个体和学生个体之间的交往、学生个体和学生群体之间的交往以及学生群体和学生群体之间的交往。在各种交往中会不可避免地存在着各种分歧，主要表现为学生间的分歧和师生间的分歧。

（1）学生间的分歧

由于班内的学生的家庭状况、社会背景等客观因素不同，加上学生在性格、人生观、情感、能力、兴趣爱好等主观方面也存在很大的差异，所以，学生对班内、校内乃至社会上所发生的事情的看法很难达成一致意见。这种思想上、见解上的不一致，意见或建议的差别，在班级活动中随时都可能表现出来。这种必然的反映，就是学生间的分歧。

（2）师生间的分歧

教师和学生之间由于生活背景、个性、学识、社会经历等的不一致，从而会出现多方面分歧，例如对作业的布置量和评分标准的分歧，对教学方法的分歧，对班规制订的分歧等。

（二）财物丢失

班级里经常会出现因为保管不当而丢失财物的现象。在班级里，丢钢笔和文具盒、辅导练习册已经是常见的事情，而丢钱、丢其他贵重物品的现象也时有发生。财物丢失易使学生对周围同学产生不信任感，对学校缺乏安全感。

（三）学生早恋

由于社会性观念的开放及媒体的影响，青少年性早熟和早恋问题相当普遍。早恋一般是指人在生理和心理尚未成熟、年龄及社会条件还不具备的情况下发生的恋爱。同学早恋现象开始在小学高年级中出现。小学高年级阶段学生开始进入青春期，青春期的学生，思想单纯，求知欲强，记忆力最佳，想象力十分丰富，易于接受新事物，对异性比较好奇和向往，再加上和家长、老师沟通不畅，从而产生迷乱、困惑、好奇等情绪。此时当他们接触到某个异性而在心理上起波澜时，或当他们感到与某个异性彼此之间有莫大的吸引力时，往往有一种接触和亲近对方的强烈情感，靠"交朋友"来缓解内心的压力。更有些离异家庭的孩子得不到家长的关心和家庭的温暖，自暴自弃，抱着玩玩而已的心态，过早地投入到追逐异性的情感游戏中。异性之间互有好感，或者由起初的友谊逐渐发展成恋爱。

（四）家庭变故

家庭变故主要是指家庭成员意外伤亡、父母离异、入狱等非正常的，学生主观意愿难以左右的家庭结构变化。它给学生带来思想与学习上的负担、生活上的冲击等，对学生身心方面的负面影响极大。

（五）暴力冲突

暴力冲突指教师或家长与学生之间、学生之间、教师与家长之间的冲突，包括语言暴力和非语言暴力。语言暴力表现为用恶毒的、侮辱性的语言对其进行人格攻击、侮辱、诽谤。非语言暴力一般表现为对身体进行直接攻击，如打架斗殴。

（六）顶撞教师

学生公开反对教师的建议，对教师的批评持对抗态度，当面指责教师的失当或错误，指出或反驳教师对问题判断的失误或推理不当，指责教师处理问题不公平等。这类事件一旦发生，若不及时控制，可能进一步造成破口骂、动手打的结局，对教师今后的管理工作往往会造成不利的影响。

（七）厌学辍学

在基础教育阶段，仍不同程度地存在着多种原因的厌学和辍学现象。学生辍学是学校、社会、家庭和学生自身素质等各种因素交互作用的结果；但对学生个体而言，上述任何一种因素均可导致其辍学，况且很多辍学生的辍学原因是多种因素同时存在造成的。来自学校的因素主要有教师教育教学方法不当、学校的管理过于严格死板、评价标准过于偏重学习成绩等。在宁波一所民办职高读高一的男生，半夜到女生寝室找同班女生被查夜老师发现，结果被学校开除学籍。男生妈妈认为学校处理得太严重了，经过交涉，校方将处分改成了“劝退”，还是坚决不让

孩子继续在学校念书。[1]

(八)恶作剧

在班级管理中,有些突发事件,不但始料未及,而且使人非常难堪。这类事件我们便把它看作恶作剧。学生的恶作剧通常有两种:一种是针对教师,如在座位上故意喊教师的绰号或名字,在老师背后指手画脚,扮怪相,模仿教师动作,把教师教案教具藏起来或者不让教师进门等。另一种是针对某些学生的恶作剧,如在同学面前扮鬼脸,逗人发笑;或模仿有缺陷同学的动作;或者在旁边同学站起来回答问题时故意抽掉其凳子;或将旁边同学的文具用品藏起来等。有些恶作剧的破坏性很大。如某寄宿制学校,在周四晚上,甲学生在宿舍卫生间洗澡,乙学生恶作剧地将甲学生的短裤偷出卫生间,甲学生要求乙学生送还时,乙学生坚决不肯,并将卫生间与宿舍之间的玻璃门锁上。甲学生恼怒之下,一脚将该玻璃门踢碎,脚却卡在玻璃门碎洞中,致使脚后跟肌腱被割断,花费巨额医疗费,并造成终生残疾。

(九)学生自杀

学生自杀事件在目前频发,从小学生到大学生各个阶段都有发生。在南京召开的中国心理学第八届理事会上,有关专家指出,我国有3000万青少年处于心理的亚健康状态,每年至少有25万人因心理问题而失去生命,自杀成为青少年的头号死因。[2]1999年,中国5~14岁儿童自杀率为

[1] 任晓云:《男生半夜私入女生寝室被退学》, http://news.sina.com.cn/o/2004-05-26/16262635382s.shtml.

[2] 郑克俭,王作廷主编:《新时期班主任工作的创新》,西安:陕西师范大学出版社,2005.

0.8人/10万；儿童自杀人数占全国总自杀人数的0.9%。

二、突发事件形成的原因

班级突发事件形成和发生的原因是多方面的。既有客观的，也有主观的；既有学生的，也有教师的；既有家庭的，也有社会的；既有校内的，也有校外的。归纳起来主要有三个方面的原因：学生本身因素、教师的教育失策、环境因素。学生本身因素是内因，而教师的教育失策和环境因素皆属于外部因素。

（一）学生本身因素

班级中大量的突发事件和学生的身心状况直接相关，是由学生自身因素引起的。具体来说有以下两个因素。

（1）生理障碍

学生神经发展迟缓或神经功能障碍造成学生的“多动症”，心理学把这种现象称为脑功能轻微失调。它容易导致学生注意力涣散、活动过度、冲动任性，从而在课堂上难以控制自己的行为，出现活动过多、情绪不稳、大声怪叫等不良行为，成为突发事件形成的原因之一。

（2）心理原因

生理障碍引发的突发事件不很常见，大部分突发事件是由于学生的心理因素造成的，具体分为以下几种。

1）与青少年年龄特征相伴的心理矛盾

青少年学生生理上的急剧变化，引起他们心理上的急剧变化。研究认为，青少年的心理发展具有如下特点：认知方面，青少年具有强烈的好

奇性与求知性、批判性与创造性、幻想性与理想性并存，敏感性与偏激性兼具，认知上的特点使得青少年容易走向偏激和固执，易走极端。校园中经常出现因为意见的分歧而发生的各种冲突，也有因为青少年对事情的看法得不到他人的理解而自杀的现象出现。情感方面闭锁性与开放性并存，兴奋性与冲动性并存。由于他们处于身体迅速发育时期，精力比较充沛，使得他们情绪活动表现强烈，两极表现明显，容易振奋，遇事易激动，好感情用事，容易受别人的引诱，容易上钩、上当、受骗，结成团伙；也容易动怒，争吵甚至打架。因此不少心理学家认为，青少年期是学生情感发展困难的时期。在意志方面，青少年与儿童相比，意志的控制力增强，但是他们做出决断、执行决定的能力依然很低，再加上情绪的不稳定，行为举止难以控制，容易染上恶习和走上犯罪道路。在自我意识方面，认知水平的提高和自我意识的增强，使青少年不愿他人干预他们的学习和生活，往往容易与家长、教师产生冲突，产生逆反心理。由于性器官和能力的逐渐成熟，青少年的性意识开始觉醒，能意识到两性差异，对异性开始产生好感，开始注意对外貌美的评价，注意穿着打扮，容易形成早恋。在动机方面，欲望和需要是动机产生的基础。青少年的各种欲望和动机非常强烈，但认识能力的发展相对滞后，自我控制、自我实现能力相对较差。在这种强烈的追求欲或利己欲的驱使下，他们行动时往往"顾不了许多"。如在哥们义气动机的支配下，有的人"为朋友两肋插刀"，去打架斗殴、偷盗抢劫，甚至杀人放火。

2）心理缺失

心理缺失表现为：①对待生命存在价值的漠视，对生命缺乏敬畏感，既不尊重自己的生命，也不尊重他人的生命，因为一点小事就自杀或者杀人。②承受挫折能力差。由于我国计划生育政策的执行，大多数的青少年是独生子女，由于父母的过度保护和宠爱，使得这些青少年几乎在没有挫折的真空环境下长大，一旦遇上挫折后，青少年便表现出了很差的承受能力。有些学生在人生之路上出现挫折后，一会儿怨天尤人，一会儿又痛恨自己，从此一蹶不振；有的学生好胜心太强，太在乎输赢，一旦失误，就感到十分沮丧，由此半途而废；也有的学生遭遇学习障碍，就自认为比别人“笨”，并从此退却消沉，开始装病逃学；还有的学生只因生活环境发生一些改变，就忧虑、苦恼、不能自拔，甚至萌生离家出走的念头。2003年媒体报道的开原市某学生就是因为不堪班主任老师的批评而突然躁狂发作精神病，引发了“一场师生，两场官司”。③个性问题。学生个性方面的问题也会导致突发事件的产生，过于内向的学生容易产生抑郁、焦虑，如果心理承受能力差，很容易出现自残、离家出走、自杀等过激行为。而过于外向的学生易产生攻击性逆反行为，如和教师顶撞、和同学打架等行为。

3）心理失衡

所谓心理失衡，是指个体的愿望、需求得不到满足或遭受挫折、经历失败时表现出的一种心理上的不平衡，甚至紊乱的心理趋向。诸如猜疑心理、嫉妒心理、虚荣心理、焦虑心理、自卑心理、羞怯心理等。喜欢猜疑的学生容易自我封闭，个人变得自卑和怯懦，严重的猜疑心理能导致心理变态，使人失去理智，做出许多无法挽回的事情来。嫉妒心理是同学间友谊和团结的腐蚀剂，有嫉妒心的学生会在交往中表现出强烈的

排他性，嫉妒者有时会对所嫉妒的对象采取一些不正当的行为方式，例如用冷言冷语、背后说坏话、故意挑毛病等方式，设法令对方难堪，打击自信心。甚至导致伤及人身安全的违法乱纪事件的发生，造成害人害己的恶果。虚荣心对于青少年学生有百害而无一利，它只会给人套上一个色彩艳丽的枷锁，使人不愿意听真话，也很难听到真话。虚荣心发展到极致还会导致违法犯罪。柏格森指出："虚荣心很难说是一种恶行，然而一切恶行都围绕虚荣心而生，都不过是满足虚荣的手段。"2006年6月《南国早报》报道广西阳朔15岁的李某因为虚荣心作怪，为了上学"风光"，上网有钱，一年疯狂偷盗了23辆摩托车，被警方送进了区未成年犯管教所。

4）寻求关注

需要时刻获得他人的关注是人类的天性。班级中的学生也会通过各种方式引起其他同学和老师的关注。通过努力能够获得成功的学生，会用自己学业的成功获得其他同学和教师的赞赏；而认为通过自己的努力不能获得成功的学生，则会以学习以外的其他方式获得老师和同学的关注。这种关注，即使是消极的，也比忽视自己存在的结果要强。德莱库斯（Dreikurs）阐述了与不良行为有联系的四个目标：引人注意、获取权力、寻求报复、自甘落后。他说："如果一个孩子没有机会通过平常的作为来获得地位，他就通过引人注意的行为来证明自己在课堂上的地位。如果成人对他的这种引人注意的行为置之不理，他就努力想获取能操纵局势的权力。如果教师实施权力的方法使他的愿望落空，这时他会非常丧气，转而寻求报复。当一个孩子为了获得一种'归属感'，尝试了各种消极的、捣乱的引人注意的行为而无效时，他最终会陷入一种深深的沮丧情绪中，丢开一切积极的希望，干脆自暴自弃。”[1]而为了寻求关注，通常所实施的行为本身可能就是突发事件。

（二）教师的教育失策

班级的突发事件与教师的教育失策有很大的关系，有的突发事件可能是教师直接造成的，因而不能把全部的突发事件都归因在学生身上。教师的失策主要表现为以下几点：

1. 教育观、学生观错误

教师教育观错误，片面追求高升学率，只看重学生的分数，只要分数不要人，忽视学生的全面发展，搞题海战术，对学生进行超负荷的灌输，学生是分数的奴隶，以分数分优劣划等级，冷落鄙视、排斥成绩不理想或升学无望的学生。学生面临着很大的学习压力，在过度的压力下可能导致学生的问题行为，进而出现突发事件。

教师学生观错误也会导致突发事件。教师不能够平等对待所有的学生，对后进生、家庭困难生、品德不好的学生采取厌恶、歧视的态度，会伤害学生的自尊心、自信心，使学生产生消极的自我概念和自我评价，导致学生出现抑郁、自卑等消极心理，极度心理失衡时就容易引起突发事件。

2. 管理失范

教师的管理失范主要表现为教师的管理理念落后和教师的管理方

[1] Rudolf Dreikurs， Pearl Cassel， Eva Dreikurs Ferguson. Discipline Without Tears: How to Reduce Conflict and Establish Cooperation in the Classroom (revised edition). Canada: Tri-Granphic Printing Ltd, 2004.

式不当。

（1）教师的管理理念落后。在理念上把管理当成管制和灌输，只强调效率、纪律和秩序，既缺乏人本主义的精神和理性，也没有法律和政策观念，凭经验、感情和金钱管理，缺乏现代民主和法制观念。下面的例子就是教师管理观念错误的体现。

【案例】

班主任处理偷钱不当引发学生自杀[1]

某小学六年级学生胡某发现自己的书包里少了30元钱。经回忆，胡某将怀疑的重点集中在同班同学严某身上，因为此前严某上体育课时，由于身体不舒服向教师请假后提前回到了教室。胡某向班主任何某汇报了丢钱的事及自己的猜测。何某找到严某询问，严某矢口否认偷了同学的钱。何某不信，对严某进行搜身检查，结果在严某身上发现30元钱。经何某一再质问，严某承认了偷钱的事。何某遂责令严某写检讨，并要求他第二天在班上宣读。下午最后一节上自习课时，严某边流泪边写检讨，并向同学询问“自杀会不会痛苦”。第二天凌晨，严某留下遗书后，在家中服毒自杀。

【分析】

班主任何老师的管理观念是错误的，何老师把管理当成了管制和控制，对学生搜身是违法的表现，说明何老师缺乏现代法制观念。何老师让严某在班上宣读检讨的这种惩罚的方式也是非人性化管理的体现，践踏了学生的尊严，导致学生自杀。

（2）教师的管理方式不当。要么独断专制，要么放任自流。独断专

[1] 马雷军：《校园法律指南》，北京：中国经济出版社，2005.

制表现为教师处理问题简单粗暴，缺乏理性，注重高压和惩罚，只强调严格要求，而抛弃严格的根本前提即对学生人格的尊重。专制的管理方法和当代个性张扬乃至任性的独生子女冲突是直接的，结果造成学生感到压抑和安全感缺失，或与教师冲突或逃避班级或撒谎或造成潜在的心理问题突然爆发。放任自流就是对学习困难、升学无望、又有不良习惯、不服从管教、影响班级名次、家长不配合或放弃升学的学生采取漠视的态度，只要在学校、班级不发生恶性事件、不干扰班级教学就不管不问，任由其所为。现实生活中存在很多因为班主任的管理方式过于简单粗暴，缺乏理性，不尊重学生的人格，侵犯学生的权利，导致学生负气出走或者自杀的例子。

3. 教学的偏差

教师不认真备课或者根本不备课，教学目标与学生的认知水平不相适应；教学目标要求过高或过低；教学内容枯燥、缺乏逻辑性；学习任务缺乏变化和挑战性；教学方法和学生的学习方式不匹配；教学手段单一；教师表达能力差，教师缺乏活力，都容易导致教师在学生心目中的威信降低，从而造成突发事件的产生。教师的威信是影响问题行为产生与否的一个重要因素，教师在学生心目中的威信越高，学生越不易产生问题行为，相反，威信越低，越容易导致学生产生问题行为，也越难控制或者纠正学生的问题行为，而有些问题行为如打架、斗殴、吵嘴本身就是突发事件。

（三）环境因素

突发事件的产生，除了取决于教师和学生方面的因素外，还与环

境的影响有关系。环境影响主要包括家庭、大众媒体、学校等方面的影响。

1. 家庭教育不当

家庭是孩子的第一所学校，家长是孩子的第一任老师，孩子在家庭中受着潜移默化的影响。良好的家庭对孩子的成长和发展起着很好的促进作用，而家庭教育不当则会阻碍孩子的发展，引起种种问题，间接上也会导致班级突发事件的发生。

（1）家庭教育观念存在误区，认为孩子是自己的，可以随便打骂，不尊重孩子的主体人格；认为孩子学习成绩好，考上好的中学和大学就是成才；认为孩子只要成绩好，其他方面不用管理和教育自然就会好，从而忽略了孩子道德和心理的发展。

（2）在家庭教育目标上重智轻德，只关心孩子能否考高分，而对引导孩子如何做人，怎样让孩子富有爱心、责任心则重视不够。

（3）家庭教养方式存在偏差，并表现为三种类型：溺爱型、专制型、教育不一致型。溺爱型，即父母对孩子过度溺爱，无原则地宽容，对子女百依百顺，百般迁就，过分姑息；教养方法只运用赞许与表扬，从不批评与惩罚，其结果形成子女自我中心意识，形成骄横、霸道、自私、任性、目空一切、脆弱、无能、神经质等性格和作风，有的甚至失去了基本的生活自理能力。专制型，即父母是家庭的绝对权威，任何事情都不考虑孩子的想法，总是把自己的想法强加给孩子，不允许孩子有任何的反对意见，要求孩子绝对地服从，结果培养出来的孩子不是唯唯诺诺，就是极度叛逆。教育不一致型，即家庭中的父母一方管教一方袒护，一方严厉一方慈爱，教育要求不一致，使得孩子无所适从，在这种教育不一致型家庭中成长的孩子往往顽皮，我行我素，不听管教，对外界刺激麻木、冷漠，对任何事情无动于衷，成为难以管教的孩子。

（4）家庭环境不理想。家庭结构存在缺陷，如离异家庭、单亲家庭、留守儿童家庭；家庭生活方式、人际关系和心理气氛不正常。

2. 社会诱因的侵蚀

社会的影响在孩子成长中担任一个重要的角色，我们常说社会是一个大染缸，在一定层面上不无道理。特别是我国改革开放以来，各种西方腐化的“舶来品”蜂拥而至，加上我国体制转型和法制建设的相对滞后，社会环境遭受了一定程度的恶化，社会诱因的侵蚀成为诱发青少年产生不良行为乃至违法犯罪的重要原因。

1）不良大众媒体文化的直接影响。

当前社会各种信息通过多种信息媒体大量涌入学校，学生的知识总量中，有一半左右是通过学校以外的大众媒体获得的。大众媒体传播的信息并非都是积极的、正向的，也有很多诸如暴力、色情、凶杀、追求感官刺激等庸俗的、商业性的、低级趣味的内容。美国学者班杜拉（Bandura）认为：“电影、电视常常生动地描绘暴力的画面，并且剧中的暴力被说成一种可以接受的行为，它甚至反映了一种英雄气概，那些娴于暴力的英雄从未因此而受到法律或社会的制裁。由此，人们将自觉或不自觉地接受暴力的价值观和行为规范，用于处理日常事务或人际关系。”[1]学生受这些内容的影响，耳濡目染，潜移默化，甚至盲目模仿和具体尝试其中的一些动作与行为，这些行为也常延伸到课堂中。

[1] 张小虎：《转型期中国社会犯罪探析》，北京：北京师范大学出版社，2002.

据帕克（Parke，A.）等人的研究表明，在其他生活条件相类似的情况下，观看暴力电影的学生比其他学生有更多的攻击性行为出现。彼得森（Perterson）等人对7~11岁学生的调查显示，常看暴力电视节目的学生具有更多的恐惧感。久而久之，一部分未成年人在性格上表现出极强的攻击性，并且残忍、好斗。遇事头脑简单，很容易把暴力作为解决问题的方式，导致暴力犯罪。很多媒体为了追求眼球效应而大量地添加色情元素，而没有考虑到对青少年的精神污染。这也是青少年学生中早恋问题比比皆是的一个原因。

2）网络的负面影响。

计算机网络和国际互联网的出现，使信息网络化的浪潮席卷全球。网络已成为青少年学习、交流、娱乐的重要平台。但网络是一把双刃剑，也存在着让人痴迷的危险。据悉，我国因网络成瘾的青少年已经超过1000万人。据新华社北京2007年1月10日电，中国青少年研究中心10日发布的《“十五”期间中国青年发展状况与“十一五”期间中国青年发展趋势研究报告》显示，在我国的青少年网民中，有13.2%的人上网成瘾，另有13%的人存在网瘾倾向，其中13~17岁的青少年网民中网瘾比例最高，达到了17.10%。[1]沉溺上网成为诱发未成年人犯罪的一个原因。据《北京青年报》报道，北京海淀检察院近期对海淀看守所在押的未成年犯罪嫌疑人的调查发现：73名有上网经历的未成年犯罪嫌疑人中，39人承认自己走上违法犯罪道路因上网引起或与上网有关，占53.4%。网络中通过互发电子邮件或聊天、在线游戏等手段进行交往，可以向对方隐瞒真实身份、年龄甚至性别等特征。由于网络本身的这种隐蔽性，上网便成了

[1] http: //www.qzwb.com/gb/content/2007-01/11/content_2352113.htm. 2007-01-11.

很多处于心理闭锁期的未成年人缓解内心紧张、释放内心积郁的理想选择。网络游戏、网络聊天过程中，虚拟的人物可以不受法律和道德的规范，未成年人的心理随意性被无限放大。

3）不良的交往和坏人教唆。

人与人的相互交往在未成年人的社会化过程中起着十分重要的作用。不良交往往往是未成年人走上犯罪道路的起点。法国犯罪学家塔尔德（GabrielTarade）在其专著《模仿规律》（LawsofImitation）中指出："模仿的程度，和人与人的距离成正比。关系密切的人，越彼此模仿，即发生模仿的可能性和模仿的强度越大。"[1]他们通过密切的接触、相互观察和模仿，使得原有的错误的社会意识、不良的个性品质和行为习惯得到强化。很多学生结交"狐朋狗友"并模仿他人行为，其结果不是学到了一些新的不良行为和个性品质，就是使原有的错误的思想、不良的个性品质和行为习惯得到强化。此外，我国目前尚处在社会主义初级阶段，社会矛盾较为复杂。一些坏人，不仅自己进行犯罪活动，而且寻找机会诱骗、教唆那些缺乏辨别是非能力的青少年做坏事，毒害他们的心灵，使他们沾染恶习、道德败坏、走上歧途。

3. 学校因素

每所学校的机构、政策和实际运作会对学生的行为具有严重影响。路特（Michael Rutter）具有权威性的研究结果表明，即使不考虑孩子的家庭背景的影响，在在校学生究竟是否会成长为捣蛋分子和不抱合作的态度的问题上，学校本身就是一个决定性因素。[2]学校的校纪校

[1] 周国平：《犯罪学新论》，厦门：厦门大学出版社，2004.

[2] F戴维著，李彦译.《课堂管理技巧》，上海：华东师范大学出版社，2002.

规、奖惩制度、全体教职工的素质和对学生的态度、学校的心理指导和咨询体系、校长和中高层领导人员的管理方式、学校的办学理念、校园文化等都会影响学生的行为。如果学生在一个只看重分数、没有爱心、态度消极、领导管理随心所欲、心理健康教育缺失、经常使用惩罚的学校里，学生可能出现更多的不良行为，从而引发突发事件。在学校因素里，更具体而言就是课堂内部环境也会对学生的行为产生一定的影响。课堂内部环境，诸如课堂的温度、色彩、光线、座位的编排方式都会对学生的课堂行为产生十分明显的影响。如课堂环境恶劣、气氛紧张或者光线不足都可能使学生感到昏昏沉沉、产生懒懒散散的消极情绪，从而增加问题行为产生的可能性。此外，课堂座位的编排方式也会影响到学生问题行为的出现。早在20世纪30年代，沃勒（Waller, W. 就做过研究，结果表明，坐在前排座位的学生大多在学习上过分依赖教师，其中也有可能一部分是学习热情较高的，但坐在后排座位的学生，通常有捣蛋和不听讲等问题行为。

4. 不可抗力

不可抗力即不可预料、不可克服、不可避免的因素和事件的影响。诸如雷电水灾地震造成学生的伤亡，教室及各种公共设施的毁坏砸伤击伤学生等。或者教室里突然飞进来一只鸟导致教学的中断或者某个学生被蜜蜂蜇了一下突然出现大喊大叫等。

总之，导致班级突发事件的成因非常复杂，班主任应学会从复杂的现象中找出本质的联系，从各种判断中找出最准确最全面的分析，这样就能大大减少片面性与盲目性，增强全面性与自觉性。同时在工作中，注意具体情况具体分析，具体事情具体对待，只有这样，才能增强工作的实效性。

三、班级突发事件的处理和善后

班主任对于突发事件的处理，首先要进行深入细致的调查研究，正所谓没有调查就没有发言权。班主任应该全面了解事情的来龙去脉，弄清问题的性质及学生的思想状况，对事件进行实事求是的符合客观实际的分析，做到对症下药，既解决了问题，又教育了学生个人与集体。处理突发事件，绝不能头脑发热，凭感情用事，或急于表态，草率下结论。处理不好，往往会造成问题暂时表面解决了，但当事人心里不能接受，甚至带来严重的反教育效果，轻者导致班主任威信下降，重则埋下更加危险的突发事件的根苗。因此，班主任在处理这类事件时，应采取严肃谨慎的态度。班级突发事件纷繁复杂，要正确处理这些突发事件，班主任就必须在教育学生的实践中能够透过纷繁的表面现象，抓住关键环节，当机立断，灵活机敏，随机应变地处理各种教育问题，这也就是要充分运用教育机智和教育艺术，让学生感受到老师炽热的心肠、闪光的智慧和高尚的品格，从而接受教育，使突发事件得到妥善解决。

（一）处理突发事件的原则

原则既是长期班级工作实践经验的总结，也反映处理突发事件时对各种基本矛盾关系的调整与把握的基本规律。班主任只有正确理解并掌握整个原则体系，才能在处理突发事件时有所遵循，进而卓有成效

地做好班级工作。

1. 教育性原则

教育性原则是由我国社会主义学校教育的地位和任务决定的。它集中反映了处理突发事件的根本要求。这一原则要求班主任在处理突发事件时首先要坚持说服教育，以理服人。要注意摆事实，讲道理；谈话要避免老一套的政治说教方式，要力求语言通俗、生动、幽默、形象、富有情趣。同时，由于突发事件中的当事者往往情绪处于严重对立状态，因此，在说服教育时，特别要注重感情的教育作用，要寓情于理，寓理于情，情理交融，达到“寓义于情而义愈至”的教育效果，以增强说服的感染力量。其次，要从教育入手，以教育为主，本着教育从严、处理从宽、化解矛盾、教育全班的精神，既不能对学生采取“一棍子打死”的做法，即不论什么性质的突发事件，都要给予纪律处分，并将该生视为不可救药的对象，乃至开除了事，同时也不能浮皮潦草、不痛不痒地处理。班主任要实事求是地分析问题，找出问题的症结，并对方方面面的动因加以全面的评估，考虑学生的可塑性。对一般性的突发事件，甚至有些影响较大的突发事件，通过教育，当事者已经对问题有了深刻的认识，并在行为上有改正的表现，就不要再给予纪律处分。对于性质很严重、影响很坏的突发事件，在教育的基础上，给予一定的纪律处分是必要的；但处分不要过泛过重，公开处分也要注意范围恰当，对受处分的学生还要不断帮助，指明改过前景。要将处分当作一种特殊的教育手段。总之，教师应当用科学的态度，尽量做到公正、公平，才能够使学生真正受到教育，达到惩前毖后、治病救人的目的。

【案例】

侂侘之辨[1]

有位教师教《永遇乐·京口北固亭怀古》，板书“韩侂胄”三个字并给“侂”注了音“tuō”。这时，一个学生大声道：“错了，应该读‘chà’！”说着，跑到讲台上，抢过教师手中的粉笔，又大又粗地给“侂”重注了音，把老师注的也给盖住了。在回到座位时，嘴里还嘟囔着：“什么老师，连字都不识……”面对这种局面，这位老师很理智，他心平气和地问学生：“你说这个字读‘chà’，根据是什么？”“我在一本中学古文学习资料上看到的。”“记得清楚吗？”“清楚！”“究竟是怎么写的？”老师随即板书了一个“侂”的形近字“侘”，让他选择。他一下子慌了，迟疑半天，才吞吞吐吐地说：“记，记不准了，大概……大概……反正差不多……”同学们忍俊不禁，他的脸也红到耳根上了。刚才的蛮横劲几乎成了狼狈相，手足失措，令人可怜。

老师觉得开导的时机已到，便说：“同学们，‘学问’这东西来不得半点虚假，没有严谨认真、一丝不苟的态度，凭‘差不多’是要吃大亏的！”这时，全班同学大笑。那位同学更感到不好意思了，脑袋耷拉着。老师又觉得不能使他太难堪了，还得保护他的自尊心和积极性，于是赞扬了他：“人都会犯这样的错误，不可怕，知错能改就好。从某某同学现在的表情看他已追悔莫及，我相信他再不会重蹈覆辙。某某同学不迷信老师，运用刻苦自学来的知识敢于当众批评的精神十分可贵，应该继续发扬，全班同学都要向他学习。”但是老师又进一步指导：“得拿‘真格的’！确有把握，考虑后果，注意方式，不能盛气凌人，鱼目混珠，否则造成以假乱真、误己害人的后果就不好了！大家说

[1] 黄申秀，覃国祥：《“女人的眼睛最好看”——浅谈教学活动中教师的机智》，成都教育学院学报，2003（8）.

对吗？”“对!”同学们异口同声。那位同学喊得比谁都响，生怕老师听不见。一场即将来临的暴风雨，就这样在热烈、和谐的气氛中云消雾散了。第二天，那个学生把书拿给这位老师看，这本书上把“侘”错写成了“侘”，并且标注了“chà”。他主动向老师承认自己是个冒失鬼，又爱表现自己，不改确实不行。最后，不无感激地说：“我无端责难你，你不但不‘骂’我，还赞扬我，鼓励我，真叫人太那个……”

【分析】

在这个案例中，我们可以看到教师在处理突发事件时更好地遵循了教育性原则，老师在学生以不礼貌的行为冒犯了自己的尊严，没有动怒，避免了师生对立局面的出现，老师在肯定学生大胆质疑、敢于挑战权威的同时，又委婉批评了学生的盛气凌人，鱼目混珠；在保护学生自尊心和积极性的同时引导学生树立实事求是、追求真知的学风，处理的结果使学生认识到自己的错误，同时也使学生和教师的关系更加融洽，为未来的管理奠定了良好的基础。

2. 发展性原则

处理突发事件，既不能就事论事，敷衍塞责；也不可小题大做，无限上纲。班主任应当清楚，自己是班集体的组织者、管理者、领导者和教育者，是学生全面发展的指导者和促进者。实践告诉我们：正确理解和全面贯彻党的教育方针，促进全体学生的全面发展，是班主任做好班级工作的根本保证，也是处理班内突发事件、培养高素质人才的指导思想与唯一宗旨。

3. 针对性原则

班主任应在弄清事件的性质之后再去着手解决问题，做到用不同的方法解决不同的问题。例如对吵嘴、打架等突发事件要具体问题具体对待：对以强凌弱、以大欺小的学生，则应严肃批评教育，有的还须通过班集体，在集体正确舆论的支持下，进行集体教育；对于保护弱者，或主持公道的，则首先要肯定他对的一方面，同时教育他不应参与打架，不该违反日常行为规范和学生守则；对于被打而起来反抗还击的学生，则应根据其个性特点和具体情节，对他适当进行教育。同时，教师在处理问题时还必须考虑到学生的个性特点和差异。同样以打架为例，对性格"外向"学生的处理方法和性格"内向"学生的处理方法就有较大区别，外向学生虽然情绪发生快，但较好协调，容易理解和接受老师的意见；内向的学生则不然，虽嘴上不明说什么，但要使其口服心服，确实需要做大量的耐心细致的思想工作。

4. 公正性原则

公正是人类的价值追求和行为准则。教育者不仅要追求教育资源与权利分配的宏观领域的制度公正，同时在微观领域如班级管理方面也要追求公正。班主任在处理突发事件时必须将公正作为自己的基本准则，在处理突发事件时，对当事者而言，不论是谁，都要公正对待，不能袒护任何一方，当学生之间发生冲突时要避免偏爱班干部、优等生和来自高阶层的学生，当教师与学生家长与学生之间发生冲突时要避免偏爱教师和家长。即使是班主任自己，当学生与班主任发生矛盾时，班主任也要检讨自己，要多做自我批评，采取容忍和宽容的态度，消除学生的恐惧心理和对立情绪，缩短与学生之间的距离，消除与学生之间的隔阂；切忌"自卫尊严"，偏袒自己。

5. 启发性原则

唯物辩证法的观点认为，“外因是变化的条件，内因是变化的根据，外因通过内因起作用。”也就是说学生接受教育不是消极被动的，而是主观能动的。处理突发事件尤为重要的一条原则就是要随时注意启发学生改正错误的自觉性。所以，班主任在处理事情时不要看到某些不良现象就下结论，一定要给学生留空间，启发学生的自觉，调动学生接受教育的内驱力，让学生充分认识到自己所犯错误的性质及其危害，诱导他依靠自身的积极因素去克服消极因素。

6. 有效性原则

教育的关键在“育”。学校的任务是培养人才，促进学生的全面发展。因此，班主任在处理突发事件时一定要考虑到处理的效果好不好。班主任处理突发事件，有的凭训、骂、压、罚等简单粗暴的方式；有的主观武断，不加调查就轻率做出结论；有的批评过繁，想起来就“训”，使学生一听班主任“说话”就烦，如此等等，非但不能使问题得到较好解决，往往会使学生形成一种“逆反心理”。班主任处理事件，关键是效果如何，要用“育人”的眼光去看事件，要用“发展”的眼光去看学生，努力发现学生身上的积极因素和事件中的有利因素去促进学生的发展。

7. 协调性原则

班主任是联系任课老师的纽带和沟通学校与家庭、社会的桥梁。教育下一代是全社会的责任，育人是系统的工程，需要学校、家庭和社会的共同努力。光靠班主任一个人的力量是不够的。班主任的班级工作一定要顾及学校、家庭、社会环境等多方面的因素。处理突发事件时，应该努力征求学校和家庭的意见，以求各种因素和力量能步调一致，相互协调配合，从而形成对学生的教育合力。如果班主任的处理，校长不能理解，家长不能接受，那么对学生的教育力量就会互相抵消，直接影响教育效果。只有各方面的力量互相配合，校长和科任教师尊重班主任的工作，协调和统一学校内各种教育力量，家长也主动配合学校教育工作，不护短，不偏爱子女，对学生形成连续不断的一致性教育，才能收到良好的效果。

8. 因材施教原则

在根据学生身心发展的规律进行科学合理教育的前提下，使每个学生都得到全面发展，是我国教育目的的基本要求。处理突发事件更强调照顾学生个性特点和差异。例如，男生女生的性别差异就应充分重视，同样一件事，男生用严厉批评的方法去解决可能是效果最好的，但换成女生则不一定效果最好。对性格外向的学生和性格内向的学生处理的方法也应该不一样。性格外向的学生可能能够接受老师开门见山、直截了当的正面批评，但是对于性格内向的学生就不适用，会更加加重学生的心理负担，导致性格更加内向。如果不注意每个人的不同素质和个性差异，采用一种方式去解决同一问题，就势必要挫伤一些人的自尊心或打击其他方面的积极性。因此，在处理某些突发事件时，既要注意针对学生的一般特点，考虑到学生集体的年龄特征，同时又要考虑到个别差异，做到因材施教，方能收到良好的教育效果。

9. 主体人格性原则

尊重学生的独立人格、尊重学生的主体性一直是国际教育界所倡导

的重要原则，也是实现我国教育目的的基本要求。在处理班级突发事件时教师也应该坚持主体人格性原则。所谓主体人格性原则是指在处理突发事件时，班主任必须以人为本，正确认识到学生的主体地位，特别要承认学生独立的人格和尊严，不能伤害学生的自尊心和独立人格，同时要积极调动学生的主动性、积极性和创造性，让他们积极参与到突发事件的处理队伍中来，为突发事件的处理献言献策，通过学生的参与可以让当事者和其他同学都能够接受到教育。苏霍姆林斯基曾经有个十分精彩的比喻：要像对待荷叶上的露珠一样，小心翼翼地保护学生幼小的心灵。晶莹透亮的露珠是美丽可爱的，却又是十分脆弱的，一不小心露珠滚落，就会破碎，不复存在。

四、处理突发事件的方法和艺术

有人认为，突发事件一般都是严格违反校纪校规甚至违法的事件，因而，最好的办法就是批评或者处分，以儆效尤。当然必要的批评和处分是应该的，但是处理突发事件需要注意一定的方法与艺术。

（一）冷处理

所谓冷处理，就是指对于有些突发事件，班主任不应急于表态，急于下结论，而应该保持头脑的冷静、情绪的镇定，冷静观察、沉着分析当时当地的情况，采取最佳的手段或者当时解决突发事件或者待把问题的来龙去脉弄清楚，再去处理。

采取冷处理，首先是给学生降温，缓解矛盾，缓和情绪，不能粗暴地把学生推到矛盾的对立面，使学生产生抵触情绪，要给学生留点余地，必要时要给学生一个下台阶的梯子。不仅如此，老师还必须善于为学生着想，充分理解学生的思想感情特点，善于从好的方面去考虑他们的行为。如果班主任一味地从坏的方面去估量或批评学生，甚至粗暴地伤害学生的自尊心，学生就容易自暴自弃，产生心理上的对抗。尤其当学生与老师发生矛盾时，应该表现出高姿态，从检查自己的工作入手，多做自我批评，要采取容忍和宽容的态度，消除学生的恐惧心理和对立情绪，缩短与学生之间的距离，切忌采取报复行为或强硬手段，或凭一时之怒处理，否则只会使矛盾升温。魏书生在谈到这方面问题时讲到了他的经验就是“选一位控制教师发怒的同学”，在自己发怒时及时提醒“控制发怒”，令自己“冷”下来。其次，处理突发事件不要急于求成，要有耐心，不能急躁，等一等，看一看，给学生自我反省的时间，让学生把发热的头脑冷却下来，达到学生自我教育的目的。

总之，在突发事件发生时，班主任一定要保持头脑的冷静，结合学生的个性特点和具体情境，灵活处理问题。冷处理并不是置之不理，而是随机应变，为学生创造一个“好的自我”和“坏的自我”进行斗争的情境，促使学生能够自我评价、自我反思，然后在他们有所省悟时加以引导，动之以情，晓之以理，学生就会心悦诚服，问题也就迎刃而解。需要指出的是，冷处理法在实际运用时要因人、因时、因事而异，而不是对学生冷若冰霜，置之不理。

（二）幽默化解法

一些突发事件是学生出于某种动机或逆反心理有意引起的，强制或直接处理会起到适得其反的效果，甚至会激化矛盾，从侧面以轻松

的话题化解可能引起的矛盾，是教师处理偶发事件的一种重要技巧。此外，在与学生的交往中，有时会因教师的本身知识或者能力的问题对学生存在误解引起学生顶撞，或者因为某事处理不当，使教师自身处于一种尴尬的处境中。这时，班主任如能理智地分析形势，恰当地使用幽默化解法这一妙招，定会缓和气氛，避免冲突，使问题迎刃而解。一位班主任在“支教”时由于对当地土话产生误解，使一位同学受了委屈，这位学生当场辩解，课堂里的气氛顿时紧张了起来，班主任马上说：“经调查，我对某同学的指控不能成立，我撤销原判，为某同学平反昭雪。”然后，他把目光转向其他学生，认真而诚恳地说：“今天我批评了某同学，是因为自己没有听懂他的话，错怪了他。为此，我向他表示歉意。”这位班主任通过使用法律公文体的夸张语言营造了幽默的氛围，顺利地为自己解了围。[1]

（三）因势利导法

教育的艺术从某种意义上讲是一种发现和引导的艺术。因势利导一是针对突发事件的事件，在日常突发事件中，班主任不应该只看到违纪的一面，还应该视不同的情况敏锐地洞察和发现违纪行为中所蕴含的“闪光点”，善于挖掘利用突发事件的积极因素，化不利为有利，化消极为积极，化被动为主动，使之转化为良好的教育契机，这样不仅能有效地处理突发事件，而且能够收到很好的效果。二是针对突发事件中的学生，班主任在处理问题时，要善于根据学生的年龄心理特征和不同学生的性格、气质特点，运用一定的教育方式进行巧妙的引导，使一时冲

[1] 张明龙.:《语言是处理好师生关系的一门艺术》。

动的情绪或矛盾得以缓解，进而再通过正面教育，促使犯有错误的学生提高认识，改正错误。山火在《中国教育报》2005年4月5日第6版记载了这样一个故事：一个大学志愿者在山村支教，让全班38个学生投票选5个组长，结果在监票计票的时候发现共有47张票，这时马上就到下课时间了。老师觉得很生气，但是他冷静下来，在有学生提议“重新投票”和“让多投票的学生站起来向老师认错”时，这位志愿者所做的决定是请全体学生向后转，背对黑板，他也一样，然后请多投了票的同学上台去擦去黑板上相应的票数。之后，志愿者老师确定了五个组长人数并对全班同学说：“犯了错误并不要紧，重要的是要勇于改正。今天大家用自己的行动向我也向你们自己证明了你们已经长大了。有一些基本的东西，是我们在这个社会上生存所必需的。”这位老师没有因为少数人而否定大多数人的诚实和努力，而是因势利导，急中生智，察觉并充分利用了这一“突发事故”中的积极的教育因素，不但帮助犯错误的学生认识并改正了错误，而且让所有人包括教师自己都从中体验到了人性的光辉。

（四）迂回法

有些突发事件不便直接处理，宜采用“曲线”迂回的方式解决，方法虽不同，但是解决问题的目的是一致的。所谓“迂回法”，就是当教育时机还不成熟时，另辟解决矛盾冲突的路径的一种教育方法。它避开突发事件产生的直接原因，调整学生的心理状态，激发学生的情感，并从现有矛盾的消极因素中找出积极的因素，使学生的情感发生变化，以形成解决矛盾的有利契机，然后另辟蹊径，在新的情境中解决纠纷。

巧妙化解争吵风波[1]

小王、小林两位同学课间打篮球时发生争吵，互不相让，结果扭打起来。上课进教室时小林恶狠狠地说："你等着，放了学咱俩再算账！"看来，仇恨还挺深的。

正好班主任上语文课，他看在眼里，记在心上，但没有表态，只让他们先好好上课。下课后，班主任在布置下午大扫除时，故意回避他们的纠纷，笑着对他们说："你们两人都喜欢体育，热爱集体，要求进步，中午大扫除，我想让你俩共同完成刷围墙的任务，怎样？"不等他们回答，老师又鼓励说："我相信你们一定能出色完成任务！"这时，两学生的对立情绪已有所缓解，各自默默回家了。

下午劳动时，他们配合默契，很快把围墙刷得干干净净。班主任看见，及时地表扬了他们，并且当着许多同学的面，要他们谈谈干得这么好的感受。小王说："这是小林的功劳，是他从家里带来洗衣粉和刷子。"小林抢着说："小王还从学校附近的亲戚家借来了小桶。"这时班主任欣慰地插上一句："是你俩齐心协力团结得好。"他俩高兴得脸上像开了花，一场风波烟消云散。

（五）当机立断法

当机立断法就是在班级突发事件发生发展的紧要关头，班主任应该立即做出决断，采取有效的紧急措施，控制事态的发展，达到釜底抽薪的效果。这适用于处理急性突发事件，如学生持械殴斗、突发疾病以及发生人身安全事故等，这类突发事件情况紧急，不容迟缓。处理时，班主任应表现出应有的办事魄力，当机立断，决不能拖泥带水，优柔寡

[1] 史铁成，张宝臣，张忠恒主编：《班主任工作操作策略》，哈尔滨：哈尔滨工业大学出版社，1998.

断，延误时机，使问题严重化。班主任迅速果断地做出决策，对于助长正气、增长信心、防止事态的发展起着至关重要的作用。反之一旦失去控制，局面将无法挽回。

（六）用爱感化法

某些突发事件的发生是由于学生心理上失衡，如自卑、抑郁、焦虑、绝望、逆反等不良心理。而班主任对这类突发事件的处理最好的方法就是爱心，用教师的毫无保留的伟大的真诚的爱心才能真正打动学生的内心，触及他们的灵魂，使之发自内心地接受班主任的教育，从而达到“亲其师，信其道”的效果。

对突发事件的处理，很多优秀班主任在工作中积累了丰富的经验，突发事件的发生往往存在着复杂的原因，呈现出不同的方式，产生在不同的场合，遇到不同的对象，因此，处理突发事件要因时因地因人而异。总之，与处理日常工作相比较，对待突发事件要有爱心、耐心、慧心、细心，要把握好控制的艺术、调查的艺术、分析的艺术、处理的艺术，尤其是处理的艺术，既不能轻易表态，轻易表态容易出现“误打误判”，又不能“各打五十大板”，否则曲直不辨，主从无别，不但收不到教育效果，反而会滋长歪风邪气；更不能不理不问，这样不利于扶正祛邪，不利于惩恶扬善，相反会留下隐患，造成恶果。因此，对突发事件，班主任应该尽量避免严重影响和干扰突发事件处理的简单化方法和不负责任的态度。

五、突发事件的善后教育

突发事件处理只能是暂时性地解决问题，要解决学生思想上的根

子问题，为学生发展创造良好的环境，还必须做好善后教育的工作。苏联教育家苏霍姆林斯基曾先后对3700名学生做过详细的记录。数十年后，他仍能够说得出“最难教育”的178名学生的艰难曲折的成长过程。这与他在教育实践中善于思考，勤于总结，注意做好“最难教育”的学生的善后教育工作密切相关，无疑正是班主任在善后教育中应当效法和躬行的地方。教育的长期性特点和德育的巩固性原则都要求班主任要坚持不懈地进行善后教育。班主任在进行善后教育时应注意处理好四对关系和避免10个误区。[1]

（一）处理好四对关系

任何一个学生的成长都是整个社会的系统工程，离不开学校家庭和社会的共同努力。在突发事件发生后，班主任在进行善后时要注意协调好人与人之间的关系，为当事学生营造一个良好的人际环境，使当事学生能够积极地改正缺点和错误。因此，需要班主任处理好四对关系：

（1）处理好班主任与当事学生的关系。班主任做善后工作不在于“经常性”的说教和要求，而在于做到“以身立教”和关爱学生两点。

（2）处理好全体同学和当事学生的关系。班主任要面向全班，对全体学生一视同仁；对当事学生要从严要求，严中有爱，让学生感受到教师的关心和帮助。班主任要发动全班同学都来关心和帮助犯错误的学生，绝不允许其他同学说风凉话，甚至排斥挖苦，进而导致他重犯类似错误。

（3）处理好班干部和当事同学的关系。班干部是班主任的工作

[1] 郭毅主编：《班级管理学》，北京：人民教育出版社，2002.

助手，他们生活在学生中，与犯错误的同学朝夕相处，实际上是善后教育的具体体现者，因此班主任要特别关照班干部，注意平时对当事同学既监督又帮助，绝不能让当事学生认为班干部就是班主任派来“监督”他的耳目，而对班主任产生误解，甚至与班主任和班干部闹对立情绪。

(4)处理好班主任与当事学生家长的关系。在处理突发事件时，班主任应该主动和家长就学生的教育方法进行沟通和探讨，寻求家长对班主任工作的支持与配合，以保证善后教育的有效性和成功率。

(二)避免10个误区

班主任在对突发事件进行善后时除了处理好四对关系外，还要避免10个误区。

(1)师道尊严，高高在上。有的班主任持有传统的观念“师道尊严”，不愿意走近学生，和学生平等相处。平时总是摆着一副威严的面孔，学生很难接近。学生有“难处”、“苦楚”、“隐情”，也不敢找其倾诉，教师也很难了解到实情。师生之间的心理距离远对突发事件的善后是不利的。

(2)评价单一，只重量化。有一些班主任为了追求所谓的“效率”，给班级制订了详细的量化分评定标准，学生在校的各种表现都有相应的评分标准。每天每周每月都核定一下，到最后期末时核定总分。以“分”定优劣，以“分”定奖惩。教师不需要费尽心思地去研究学生，从而针对每个学生特点进行因材施教，也不需要在学生犯错误后进行耐心引导，只需借助学期末每个学生的量化分管人、卡人、压人。

这种过度的量化评价只注重结果评价，忽视过程评价；评价者仅限于教师，缺少学生自评和同学互评；评价的目的是为了给学生贴标签而不是促进学生的发展，违背了基础教育课程改革的目标和我国的教育目的的精神实质。

（3）任性轻率，急于求成。“十年树木，百年树人”，教育事业是育人的事业，不可能一蹴而就。有些青年教师在当上班主任后存在着“速成”心理，希望短时间内建设好班集体，使自己的班级能够超过其他的班级，一遇突发事件，由于经验不足，往往表现出态度任性，处理问题轻率。“欲速则不达”，有时把事态搞得更为严重。苏联教育家马卡连柯曾忠告这类班主任：“不能克制自己的人，就是一台被损坏的机器。”班主任要管理好班级，首先要学会自我管理，理性地控制自己的情绪。“千里之行，始于足下”，班主任应该脚踏实地地处理好班级的每一件事情，如制订好班规，培养学生自我管理的能力，对学生进行心理健康教育等，从而做到未雨绸缪，防患于未然。在突发事件发生后，草率的处理可能会适得其反。班主任需要做的就是沉着冷静，全盘考虑，理性应对。

（4）偏心偏爱，厚此薄彼。由于班主任受自身性格、性别、志趣、爱好、阅历的影响，有时在不知不觉中对学生产生了亲疏之分，这是班主任的无意识的行为，尚可以理解。而有的班主任处理问题不公，学习成绩好与差的学生有了矛盾，明显袒护成绩好的学生；有家庭背景的学生与一般老百姓子女发生争执，明显偏向有家庭背景的学生。这种亲疏之分，无论是对亲者，还是疏者，都是十分有害的：亲者可能产生“反正老师喜欢我，犯点错误没啥”的错误观点及我行我素的不良行为；疏者可能产生“后娘身边难做人”的想法和自暴自弃的不良行为。被亲者还可能高高在上，傲视一切，被疏者则可能鄙弃这种傲视，从而造成同学之间的矛盾，以致对立。公正是教育的应有之义。班主任老师应该爱每一个学生，认理不认人，决不能公开偏向谁。尤其是处理问题，决不可偏袒，一定要一碗水端平，公正无私。只有这样，才会受到全班学生的尊敬与爱戴，得到所有学生的信赖与拥护。

（5）偏听偏信，时紧时松。“兼听则明，偏信则暗”，班主任切记不要靠听取班干部汇报或者找个别同学谈话后就去工作。因为学生的心理还不成熟，反映问题不免夹带个人色彩，具有一定的片面性，这些意见只能作为了解情况的参考，只是“兼听”的材料，真实的第一手材料应该靠自己深入实际，调查研究获得。还有的班主任对学生的要求前后不一致，时紧时松，导致学生认为班主任要求不严格，从而放松对自己的道德和纪律约束。

（6）无的放矢，唠唠叨叨。有的班主任，每逢周会班会，高谈阔论，进行“德育渗透”，45分钟下来，学生思想基本没有什么触动，班内存在的问题非但没有解决，反而有加大的趋势。有些班主任发现班级学生中有某些违纪行为，在心中无数的情况下，就在班内发出某些警告，结果却又无法查出谁是行为人，从而使自己的话成了空话，这就会使大多数同学产生老师言而无信的印象，使少数违纪同学认为班主任无力查处违纪事件。

（7）言行不一，光说不做。教师的劳动是具有示范性的，这种示范

性是潜移默化的，它在自觉不自觉地影响学生。正如第斯多惠所说：“教师本人是学校里最重要的师表，是最直观的最有教益的模范，是学生最活生生的榜样。”[1]班主任的威信除来自他渊博的知识、强烈的事业心等外，还来自他诚实可信的言行。言而有信，有令则行；言而无信，虽令不从。班主任一定要做到言行一致，做到身教重于言教，切忌言行不一，光说不做。

（8）孤军作战，独自为营。有的班主任在管理班级、处理突发事件时过分相信自己的实力，总愿意孤军作战，独自为营，而不调动其他人的积极性参与到班级管理和突发事件的善后中来。作为一名班主任，要竭尽全力地调动起学生、任课教师和家长三方面的积极性。首先要调动全班学生的积极性。欲调动这一积极性，则需要调动全体班干部管理班级的积极性。班干部学习、生活在学生之中，他们对同龄人最了解，最有发言权，他们的话最能引起共鸣，效果也最好。其次，要调动任课教师的积极性。任课教师每天在不同程度地和学生交往着，教育管理着学生，其作用是不可低估的，决不能把他们当局外人。另外，还应调动学生家长的积极性。家长是孩子的第一任老师，真正得到家长的支持、配合，可使班主任工作事半功倍。

（9）奖惩不明，标准随意。有的班主任在日常管理班级时有奖惩不明、标准随意的缺点，在突发事件的善后时也如此，对该奖励的学生没有奖励，对该惩罚的学生没有惩罚，在不该奖励的时候奖励，不该惩罚的时候惩罚。随意性很大，致使学生对正确行为规范的标准没有准确的认识，也难以让班级养成良好的班风。

---

[1] 傅道春：《教育学——情境与原理》，北京：教育科学出版社，1999.

（10）自行其是，无视校规。学校教育管理工作是一个整体，班主任工作是学校整体工作的一部分，班主任开展工作一定要紧密配合学校工作，尤其在执行学校各项规章制度时更应如此，不能自行其是，违背学校的统一要求。有的班主任在突发事件的善后时无视学校校纪校规，甚至与学校校纪校规发生冲突，给学校留下各方面教育力量不一致的印象。因此，班主任根据本班实际，对学校制度加以分解，使之更具体可行是可以的。反之，随意或找借口不执行学校制度是不允许的，保持与学校工作目标一致性是班主任能否顺利开展工作的重要一环。

六、案例分析

阅读下面的两个案例并思考问题。

【案例1】

刘老师接手一个差班，上第一堂课时，她刚把手伸到粉笔盒里掏粉笔，突然触摸到一个冷冰冰、软绵绵的东西，吓得她叫了一声。仔细一看，原来是一条中指大小的冬眠水蛇，在倾倒的粉笔盒里边蠕动。全班哄堂大笑。刘老师努力使自己镇静下来。待笑声稀疏了，她带着余悸平缓地说："据说，每位接我们班的新老师，都有一份大家赠送的特殊礼物，比如王老师的灰老鼠、郑老师的大王蜂……而我呢，你们送了条水蛇。"她微微笑了笑，指着那条蛇说："我是第一次这么近看到蛇，刚才还摸到它，而且着实吓了我一跳。不过，我觉得捕捉这条蛇的同学挺行，至少他挺勇敢，有一定的捕蛇经验……"这时，一名男生"扑哧"一声，嘴凑到同桌的耳根："老师还表扬你呢。"那名同学不自在地摇了摇头。他原以为这节课像以往一样有"戏"看

了，没料到老师还表扬了自己，这是他上学以来第一次受表扬，可就是高兴不起来，只是呆呆地听着刘老师讲有关蛇的小常识、有关写蛇的文章……第二天早晨，刘老师又踩着铃声走进教室，一股清香扑鼻而来。她意外地看到，讲台的粉笔盒上插着一束野菊花，在射进教室里的阳光中闪烁着异样的光彩。教室里鸦雀无声，一双双眼睛扑闪扑闪地……从此，这个班变了，变成了全校的先进班。[1]

【案例2】

上课的铃声响了，两个学生还在打闹。牛老师见状，火冒三丈。下面是他的"训辞"："你俩是聋了还是瞎了？上了这么多年的学，连这点规矩都不懂？×××，昨天上自习课说话的事儿，我还没找你算账呢，今天你又捣乱!我可告诉你，今天下午你必须把家长叫来，让他看看你这次期中考试考的是倒数第几名，看看你今天在学校干的什么'好事'！上课铃响过这么长时间了，还在闹？下午，如果你叫不来家长，就别想上课!你俩先给我站在后边听课去!"

"老师，是他先打我的。况且，我没听见铃声，不是故意破坏纪律的。请原谅！"

"别给我讲这么多理由，我不听!你俩都不是好东西!"[2]

如果你是班主任，面对下面的两个突发事件，你会怎么做？

【突发事件1】

记得一次自习课，同学们都在埋头写作业，我正辅导一名学生解题。

[1] 李耀新编著：《课堂教学的组织与管理》，广州：暨南大学出版社，2005.

[2] 赵传江，高尚刚，余柏民：《新课程背景下小学教师素质培养研究》，开封：河南大学出版社，2005.

突然，有个男生高喊："老师!"我抬头一看，是一位学习成绩很不错的男同学，他正举着手。我以为他有问题要问，便请他说。但没想到他指着旁边一位女生说："老师，她总看我，使我全身不自在!"话音刚落，全班同学哄堂大笑。那位女生也是一名学习比较好的学生，她马上红了脸，小声否认了几句，便趴在桌子上不敢抬头。这时，有几位学生小声责备男生，有的同学则窃窃私语。男孩是一个自尊心很强的学生，女孩也是一个比较要强的孩子。他们正值青春萌动的年龄，如何才能把学生间朦胧的好感引向健康的友情呢?[1]

【突发事件2】

上课预备铃声响了。我一边想着班会课要给学生讲的内容，一边向教室走去。刚到教室门口，"嘣"的一声，一个空可乐瓶从空中飞过，向垃圾桶飞去，"很不幸"地落在了桶外。有学生发出了"嘘"的声音。再看垃圾桶的周围，到处是"不幸"的残留垃圾：纸巾、矿泉水瓶、果核……

[1] 张凯:《巧妙的冷处理》，基础教育研究，2007(3).